Essen in großer Runde

Keld Hyldig

Essen in großer Runde

Vegetarische Rezepte für viele Gäste,
große Familien und Gemeinschaftsküchen

Aus dem Schwedischen übersetzt
und für die deutsche Küche bearbeitet
von Claudia Marheinecke

Verlag Freies Geistesleben

CIP-Titelaufnahme der Deutschen Bibliothek:

Hyldig, Keld:
Essen in großer Runde: vegetarische Rezepte für viele Gäste,
große Familien und Gemeinschaftsküchen / Keld Hyldig.
Aus dem Schwedischen übersetzt und für die deutsche
Küche bearbeitet von Claudia Marheinecke. -
Stuttgart: Verlag Freies Geistesleben, 1990.
Einheitssacht.: Vegetarisk mat för storhushall ‹dt.›

ISBN 3-7725-1084-1

NE. Marheinecke, Claudia [Bearb.]

Die schwedische Originalausgabe
erschien 1988 unter dem Titel
«Vegetarisk mat för storhushall»
im Verlag ICA Bokförlag, Västeras
Fotos: Nisse Peterson
Foto des Einbands: Wolpert und Strehle, Stuttgart
© 1990 Verlag Freies Geistesleben GmbH, Stuttgart
Druck: Greiserdruck,Rastatt

Inhalt

Vorwort

Von Annelies Schöneck

In größeren Küchen und Einrichtungen treffen wir heute auf viele Fragen und Probleme, die mit der Zubereitung des täglichen Essens zu tun haben, obwohl in den Großküchen in den letzten Jahren eine ganze Menge Positives geschehen ist. Sie sind gut eingerichtet, die heutigen Anforderungen nach Rationalisierung der Arbeit und Senken der Kosten werden weitgehend erfüllt. Fertig und halbfertig vorbereitete Gerichte werden in immer größerem Ausmaß serviert mit allen Vor- und Nachteilen, die damit verbunden sind – werden doch solche Produkte oft rigoros bearbeitet, um die langen Lagerungszeiten zu überstehen.

Andererseits wächst ein Bewußtsein dafür, daß «Essen nicht gleich Essen» ist. Forderungen nach Qualität anstelle von Quantität werden laut. Damit kommen wir in einen größeren Problemkreis, der über unsere eigenen Bedürfnisse hinausgeht.

Die Nachfrage nach vegetarischen Gerichten steigt. Aber auf dem Weg in die Küche entstehen für denjenigen, der die Gerichte zubereiten soll, eine ganze Reihe von Fragen. Wie soll der Speiseplan aussehen? Wie sollen die neuen Gerichte zubereitet werden, ohne daß die Zubereitung allzu kompliziert wird? Und vor allem: Wie schmackhaft werden diese Mahlzeiten, wenn das Fleisch ausgeschlossen wird? Mit «nur gesunden» Speisen können wir unsere Gäste nicht mehr zufriedenstellen.

In der Küche des Rudolf-Steiner-Seminars in Järna hat man seit vielen Jahren das Qualitative auf verschiedenen Ebenen gepflegt. Soweit wie möglich werden biologisch-dynamisch oder biologisch angebaute Produkte verwendet. Sorgfältig werden sie zubereitet. Die Schüler des Seminars kümmern sich um das Servieren bei Tisch, so daß während der Mahlzeiten eine von Ruhe geprägte Stimmung entstehen kann.

Keld Hyldig, der Verfasser dieses Buches, hat sieben Jahre in der Küche des Rudolf-Steiner-Seminars gearbeitet. Mit diesem Buch legt er eine Rezeptsammlung vor, die während dieser Jahre entstanden ist. Beim Lesen erkennt man den erfahrenen Praktiker, der ab und zu mit sanfter Hand über eventuelle Klippen hinweghilft.

Man erlebt einen Koch, der ein enges Verhältnis zum Garten und zu den Jahreszeiten hat. Der tägliche Speiseplan wird daher soweit wie möglich vom Gemüsevorrat bestimmt. Die Gewürzkräuter, sowohl frische als auch getrocknete, nehmen einen wichtigen Platz in den verschiedenen Rezepten ein. Die Rezeptauswahl ist reichhaltig. Es gibt Rezepte für mehr traditionelle Gerichte, aber auch solche, die einen «wählerischen Gaumen» zufriedenstellen können, ohne dadurch komplizierter zu sein.

Die Rezepte des Buches, die in erster Linie für größere Küchen und Institutionen zusammengestellt wurden, sind für 10, 25 und 150 Personen berechnet. Aber auch kleinere Haushalte können durch die Erfahrungen, die hier dargestellt werden, Anregungen bekommen. Besonders wird sich dieses Buch bei Freizeiten und Jugendlagern bewähren, wo plötzlich für größere Gruppen gekocht werden muß, ohne daß man zuvor viel hätte ausprobieren können.

Das Ziel des Verfassers ist es, die Aufmerksamkeit auf den Wert guter Ausgangsprodukte, auf eine schonende Zubereitung und auf sorgfältiges Abschmecken zu lenken.

Erreicht man dieses, kann das Zubereiten vegetarischer Gerichte zu einer wirklichen «Kochkunst» werden. Und herrscht diese Grundhaltung in der Küche, so kann sie sich auf die Gäste übertragen, so daß diese erleben, was es bedeutet, die Mahlzeiten mit Dankbarkeit und Freude einnehmen zu können.

Einleitung des Kochs

Die Absicht dieses Buches ist es, Erfahrungen aus einer Großküche zu vermitteln. Aber ich hoffe natürlich, daß die Rezepte und Ideen dieses Buches nicht nur in Großküchen (Kantinen, Schulen, Tagesheimen, Restaurants, Krankenhäusern usw.), sondern auch in kleineren Zusammenhängen von Nutzen sein können.

Eine grundlegende Absicht dieser Rezeptsammlung ist es, zu zeigen, daß es auch in großen Küchen möglich ist, gute und schmackhafte vegetarische Gerichte mit verhältnismäßig einfachen Zutaten zuzubereiten – in erster Linie mit unseren einheimischen Gemüsen, Wurzelgemüsen, Getreidearten, Früchten und einigen Milchprodukten. Ich habe die Vorteile aufzeigen wollen, die damit verbunden sind, diejenigen Nutzpflanzen anzuwenden, die in unseren Gebieten gedeihen und angebaut werden, und deren Jahresrhythmus zu folgen. Das ist ökonomisch gesehen lohnend, und man erreicht gleichzeitig eine gute und natürliche Speiseplankomposition.

Damit meine ich nicht, daß man darauf verzichten sollte, importierte Gemüse und Früchte zu benutzen. Ich finde es ganz selbstverständlich, daß wir die durch den internationalen Handel und Verkehr angebotenen Waren ab und zu verwenden. Aber wir müssen uns davor hüten, in unserer Neugier auf alles Neue und Ausgefallene dasjenige zu vergessen, was in unserer Umgebung wächst. Wir müssen auch mit den Produkten, die wir um uns herum finden und die in unserer Gegend angebaut werden, kochen können.

Während der Jahre, die ich in der Küche des Rudolf-Steiner-Seminars in Järna zugebracht habe, hatte ich den Vorteil, mit Produkten arbeiten zu können, die fast ausschließlich biologisch-dynamisch angebaut worden waren. Der tägliche Umgang mit so erstklassigen Gemüsen und anderen Lebensmitteln hat mich gelehrt, daß die Qualität des Gemüses von großer Bedeutung für das Resultat der Zubereitung ist. Die biologisch-dynamisch und die biologisch gezogenen Gemüse haben durchgehend kräftigeren Geschmack, stärkeres Aroma und außerdem bessere Lagerungseigenschaften als die konventionell angebauten.

Das Rudolf-Steiner-Seminar hat einen eigenen Garten für Gemüseanbau und einen Kräutergarten. Daher konnte eine enge Zusammenarbeit zwischen Gärtnern und Küchenmitarbeitern entstehen; eine Zusammenarbeit, die für beide Seiten anregend wirkte. Es ist sehr schön für die Mitarbeiter in der Küche, die zu verarbeitenden Gemüse in ihrem natürlichen Lebenszusammenhang kennenzulernen. Das gibt bei der Arbeit in der Küche ein Gefühl der Gemeinschaft mit der Natur. Auch die Möglichkeit, die Gewürzkräuter selbst im Kräutergarten zu ernten, ist ein Erlebnis und eine Bereicherung, die nicht hoch genug geschätzt werden kann. Es gibt nichts Schöneres für einen Koch, als den Tag im «Garten der Düfte» zu beginnen, damit beschäftigt, diejenigen Gewürzkräuter in seinem Korb zu sammeln, die für die Arbeit dieses Tages in der Küche gebraucht werden.

Mein Wunsch ist es auch, mit diesem Buch zu vermehrter Anwendung von Kräutern und Gewürzen anzuregen. Ich hoffe, es ist mir gelungen, einige meiner Erfahrungen im Umgang mit Kräutern und Gewürzen zu vermitteln. Für mich besteht die eigentliche Kochkunst gerade in der Arbeit mit den Gewürzen. Durch sorgfältiges Abschmecken kann das einfachste und vielleicht «langweiligste» Gericht in ein gastronomisch interessantes verwandelt werden. Man kann nicht nur in kleinen Küchen mit Gewürzen zaubern, das geht ebenso gut in größeren Küchen.

Wenn man Rezepte aufschreibt und dabei versucht, die exakte Menge einer Zutat anzugeben und das, was man ganz konkret beim Abschmecken eines Gerichtes tut, läßt man sich auf eine Arbeit ein, bei der viele Vereinfachungen und Fehler auftreten können. Gewöhnlich ist man ja beim Kochen nicht exakt. Man mischt verschiedene Bestandteile nach Gefühl, und es kann schwierig sein, genaue Maße für Gewürze anzugeben, da es sich dabei um Eigenschaften (Geschmack und Aroma) handelt und nicht um Mengen. Ich habe aber trotzdem versucht, in dieser Rezeptsammlung alles so genau wie möglich anzugeben.

Dieses Kochbuch ist kein Lehrbuch für die Großküche, und es erhebt auch keinen Anspruch darauf, den Bedarf einer Großküche an Rezepten zu decken. Das Buch ist auch nicht für Menschen gedacht, die aufgrund von Krankheit oder aus religiös-philosophischen Gründen eine spezielle Diät halten müssen. Es ist dagegen meine Hoffnung, einen Beitrag zur allgemeinen Essenskultur geben zu können, Rezepte und Ideen für vegetarische Gerichte zu vermitteln, die ganz allgemein für alle Menschen nützlich sind und von jedem gegessen werden können.

Dennoch kann ein großer Teil der Rezepte durch kleine Veränderungen mit Vorteil bei Krankendiäten Anwendung finden. Es ist zum Beispiel einfach, die Milchprodukte wegzulassen, Butter kann gegen Olivenöl ausgetauscht werden, die Salzmenge reduziert und gewisse Gemüsesorten ausgeschlossen oder durch andere ersetzt werden usw. Kurz gesagt: Die Rezepte dieses Buches können auf vielfältige Weise variiert und verändert werden. Freie Bahn also für die eigene Phantasie!

Kochbücher sind in erster Linie dazu da, gute Ideen zu vermitteln. Und wenn man lernen will, neue Gerichte zuzubereiten, muß man lernen, indem man einem Beispiel folgt. Aber dann, wenn man sich mit dem Rezept vertraut gemacht hat, kann man es zur Seite legen und statt dessen frei und schöpferisch arbeiten. Kochen ist ein künstlerischer Prozeß.

Speiseplangestaltung

In einer Großküche ist es notwendig, einen Speiseplan zu erstellen. Ich habe erfahren, daß es am praktischsten ist, einen solchen Plan für eine Woche zu machen. Es kann schwierig sein, weiter voraus zu blicken und einzuschätzen, welche Frischwaren man dann zur Verfügung haben wird. Außerdem kann es Schwierigkeiten machen, viele Menüs auf einmal zusammenzustellen.

Hat man dann einen Speiseplan, nach welchem man arbeitet, ist es wichtig, sich in der täglichen Arbeit nicht hundertprozentig daran gebunden zu fühlen. Es gibt vieles, was in die tägliche Arbeit hineinspielen und einen im voraus festgelegten Speiseplan ändern kann. Gerade auf diesem Weg kommt beim Kochen oft etwas Neues und Spannendes zustande. Außerdem wird die Arbeit durch eine solche Offenheit lebendiger und interessanter.

In meiner Arbeit mit Speiseplänen versuche ich, von folgenden Fragen auszugehen:

1. Für welche Menschen koche ich? Sind es jüngere oder ältere? Sind es geistig oder körperlich arbeitende Menschen?

2. Was habe ich an Vorräten im Lagerraum und in der Speisekammer? Was kann ich auf dem Markt bekommen? Dadurch, daß man verwendet, was es gerade gibt, und zum Beispiel Saisongemüse bevorzugt, kann man den Haushalt ökonomischer gestalten.

3. Welche Jahreszeit haben wir gerade? Ein Sommermenü sieht ganz anders aus als ein Wintermenü. Der Sommer ist von Leichtigkeit, Vielfältigkeit und Frische bestimmt, während der Winter durch Schwere, Fülle und Wärme geprägt wird.

4. Verschiedene Wünsche und Bedürfnisse können von denjenigen geäußert werden, für die ich koche. Dadurch, daß man ein offenes Ohr für sein «Publikum» hat, kann man sehr wichtige Anregungen dafür bekommen, was sich auf dem Speiseplan befinden sollte.

5. Wie kann alles das zusammengefaßt werden zu einem künstlerisch gestalteten Menü? Kreative Phantasie ist ein wichtiger Faktor bei der Planung.

Ein Faktor, der hier nicht erwähnt wurde, ist der Gesundheitsaspekt. Wie soll ein Menü aussehen, das gesund und nutzbringend ist? Das ist eine sehr wichtige, aber gleichzeitig schwierige Frage, mit der man sich auseinandersetzen muß, wenn man die Verantwortung für die Verpflegung vieler Menschen hat.

Es gibt viele verschiedene Richtungen innerhalb der Reformbewegung und im Bereich der Ernährungslehre. Viele dieser «Lehren» sind in hohem Maße davon geprägt, individuelle Bedürfnisse und Erfahrungen zu verallgemeinern. «Dies ist gut für mich, mit Hilfe von jenem habe ich meine Krankheit geheilt, deshalb müßten alle so essen wie ich, um nicht krank zu werden.» Ich glaube aber nicht, daß es so einfach ist.

Man kann sich in einer zeitgemäßen Ernährungslehre auch nicht nur auf ein allgemeines physiologisches Bild des Menschen und seiner körperlichen Funktionen stützen. Dieses Bild muß dahingehend erweitert werden, den Menschen als individuelles Wesen zu erfassen und zu verstehen; dann wird man erkennen, daß dieses Wesen – das Ich – unter anderem auch seinen physiologischen Ausdruck darin findet, wie Verdauung und Stoffwechsel arbeiten.

Das, was für den einen nützlich ist, ist nicht immer ebenso nutzbringend für den anderen. Bei den heutigen Menschen hat der Zusammenhang zwischen Kost und Gesundheit sich in großem Maße zu einer individuellen Frage entwickelt. Jeder einzelne muß eigentlich selbst lernen, auf seine Bedürfnisse zu horchen, und diejenige Kost herausfinden, die zu ihm oder zu ihr paßt.

Steht man in einer Großküche und kocht für viele Menschen, wird man auf irgendeine Weise Rücksicht auf die individuellen Bedürfnisse nehmen müssen. Man kann das dadurch tun, daß man für Abwechslung im Speiseplan sorgt. Die Variationsbreite sollte sich sowohl in den einzelnen Mahlzeiten als auch in der Komposition des wöchentlichen Speiseplans zeigen.

Für viele, die kochen, stellt sich die Frage: Wie kann ich wissen, ob in den Mahlzeiten, die ich koche und serviere, die richtigen Mengen der verschiedenen Nährstoffe wie Eiweiß, Kohlenhydrate, Vitamine usw. vorhanden sind?

Diese Frage ist in der täglichen, praktischen Arbeit schwierig zu handhaben. Ich serviere ja Kohl, Kartoffeln und Äpfel und nicht Kohlenhydrate, Vitamine und Kalzium. Unsere Ernährungslehre ist abstrakt. Die Nährstoffe sind etwas, worüber man in Büchern liest, die man aber nicht in den Nahrungsmitteln selbst erlebt. Man kann nicht in diesen abstrakten Begriffen und Kategorien denken, wenn man Mahlzeiten plant und zubereitet. Diese Begriffe haben die Tendenz, die Phantasie abzutöten, die eine so wichtige Komponente bei der Planung und Zubereitung von Gerichten ist.

Menschen, die für andere kochen, und erst recht Köche müssen sich natürlich doch mit Ernährungslehre befassen und ihre Kenntnisse darüber, was die verschiedenen Lebensmittel an Nährstoffen enthalten, vertiefen. Sie müssen auch ihr Verständnis dafür erweitern, wie die Verdauung des Menschen funktioniert und wie die einzelnen Nahrungsmittel dabei bearbeitet werden. Aber wenn man zum täglichen Kochen in die Küche geht, kann man nicht an diese Dinge denken, man muß den wissenschaftlichen Aspekt vergessen und ganz wie ein praktischer Künstler denken und arbeiten.

Ich meine, die nützlichsten Mahlzeiten werden zubereitet aus:

– guten Ausgangsprodukten
– gesunder Vernunft in der Küche
– liebevoller Zubereitung

Bei der Zubereitung von Mahlzeiten und der Gestaltung von Speiseplänen habe ich ein Bild vor mir, das mir als Grundlage dient und von dem ich ausgehe: Eine Mahlzeit sollte etwas aus allen Bereichen der Pflanze enthalten:

– Wurzel
– Stengel und Blatt
– Blüte, Frucht, Same

Ausgehend von diesem dreigegliederten Bild der Pflanze, kann eine Mahlzeit ausgeglichen und bekömmlich sein und gleichzeitig appetitanregend aussehen und gut schmecken. Dies ist kein Dogma, sondern eine Idee, die während der Arbeit lebendig gehalten werden sollte.

Eine ideale Mahlzeit besteht meiner Meinung nach aus:

– Suppe
– Hauptgericht (Gemüse, Getreide, Soße, Salat)
– Nachtisch

Die Mahlzeit wird durch die Suppe eingeleitet. Eine Suppe soll warm, aromatisch und leicht zu verdauen sein. Sie kann oft aus Gemüse- und Getreideresten vom Vortag zubereitet werden. Man kann zum Beispiel die Reste passieren und eine sämige Suppe daraus machen. Suppen sollten immer gut durchgekocht werden, so daß sie ansprechend sind und es für die Verdauung leicht ist, sich damit auseinanderzusetzen. Die Aufgabe der Suppe zu Beginn einer Mahlzeit ist es, den ganzen Verdauungstrakt «anzuwärmen» und die Produktion von Verdauungssäften in Gang zu setzen.

Wenn die Suppe den Magen erwärmt hat, ist man bereit für das Hauptgericht: Salat oder Rohkost, Getreidegericht, Gemüse in einer zubereiteten Form und dazu gerne eine Soße. Im Hauptgericht sollte der Getreideanteil nicht allzu groß sein. Es ist wichtig, daß es reichlich Gemüse gibt. Diejenigen Gemüse, die zum Hauptgericht serviert werden, sollten immer frisch zubereitet sein. Reste verwenden wir in der Suppe.

Es ist von Wichtigkeit, daß es zum Hauptgericht irgendeine Art von Soße gibt, sonst kann das Essen leicht zu «trocken» werden. Die Soße ist derjenige Teil des Gerichts, der die verschiedenen Geschmacksrichtungen, zum Beispiel des Getreides und des Gemüses, verbinden kann.

Ich habe immer großen Wert darauf gelegt, zu jeder Mahlzeit irgendeine Art von Nachtisch zu servieren: etwas Süßes oder Früchte runden das Essen ab.

Die folgenden Menüvorschläge stimmen nicht ganz mit meinem Idealbild einer Mahlzeit mit Suppe, Hauptgericht und Nachtisch überein. In der skandinavischen Küche, für die diese Rezepte entwickelt wurden, serviert man in der Regel nicht jeden Tag eine Suppe, sondern höchstens einige Male in der Woche. Deshalb habe ich meine Speisepläne etwas «realistischer» gestaltet, indem ich Suppe etwa zweimal in der Woche eingeplant habe. Daß man in einer Kantine oder einem Restaurant oftmals eine «Tagessuppe» serviert, ist etwas anderes; diese Suppe braucht nicht immer mit dem «Tagesmenü» zu harmonieren.

Menüs

Sommer

1. Risotto (Zwiebeln, Curry, Rosinen) serviert mit Joghurt.
   Gekochtes Gemüse (Möhren, Erbsen), grüner Salat.
   Rhabarberpie mit Vanillesoße.
2. Gekochte Hirse mit gekochtem Sommerkohl oder anderem Gemüse,
   Buttersoße. Tomatensalat.
   Fruchtquark.
3. Gekochter Hafer mit Spinat in heller Soße.
   Milchsaure Möhren, Gurkensalat.
   Joghurt mit Erdbeeren.
4. Ratatouille mit Brot, grüner Salat.
   Grießpudding.
5. Gemüsebrühe mit Kräutern.
   Hafersalat (mit Sauerkraut und gekochten Gemüsen),
   saure Sahnesoße, grüner Salat.
   Eis mit Rhabarberkompott oder rotem Johannisbeerkompott.
6. Spaghetti mit Tomatensoße aus frischen Tomaten, geriebener Käse,
   grüner Salat.
   Quark mit Beeren, Früchten oder Kompott.
7. Spinatpie, geschmorte Möhren,
   Sauermilch- oder Schwedenmilchsoße mit Kräutern, grüner Salat.
   Blaubeeren mit Milch.

Herbst

1. Gemüse-Eintopf mit Knäckebrot.
   Weißkohlsalat mit Rosinen.
   Süßer Reisauflauf mit Saftsoße.
2. Makkaroniauflauf, Tomaten-Lauchsoße, grüner Salat.
   Pflaumenkompott mit Milch.
3. Mangoldpie mit Käsesoße,
   Sauerkraut/Rote-Bete-Apfelsalat.
   Obstsalat.
4. Rote-Bete-Suppe mit Meerrettichquark oder saurer Sahne.
   Apfelpie mit Vanillesoße.
5. Kartoffel-Lauch-Suppe.
   Gekochter Hafer, gekochte Pastinaken und Möhren mit Kräuterbutter,
   Sauerkrautsalat.
   Kaffee und Kuchen.
6. Gerstenbratlinge, Möhren in heller Soße, Sauerkrautsalat oder anderen Salat.
   Obstsuppe mit Schlagsahne oder Eis.

7. Gemüsebrühe.
   Gebackene Kartoffeln mit Kräuterbutter,
   gekochter Lauch, Rote-Bete-Rohkost.
   Obstsalat mit Hirse.

Winter

1. Spaghetti mit «Morotsröra», geriebener Käse, Weißkohlsalat.
   Quarkkuchen mit Preiselbeeren.
2. Roggen-Kümmel-Suppe.
   Gebackene Wurzelgemüse (z. B. Pastinaken und Möhren),
   Quarksoße oder Kräuterbutter, Weißkohlsalat mit Rosinen, Knäckebrot.
   Obst (Äpfel oder Apfelsinen).
3. Hirseauflauf, Lauch in heller Soße, Rote-Bete-Apfel-Rohkost.
   Kompott aus verschiedenen Früchten.
4. Gekochter Reis, Weißkohl in Currysoße, Möhrenrohkost.
   Müsli mit Joghurt.
5. Roggenauflauf, gekochte Möhren, Sauerkrautsalat mit Äpfeln.
   Dänischer Apfelkuchen mit Schlagsahne.
6. Grünkohlsuppe mit Knäckebrot, Möhrenrohkost.
   Reis à l'Amanda mit Fruchtsoße.
7. Griechischer Salat (Wintervariation),
   gebackene Kartoffeln mit Kräuterbutter.
   Warme Hagebuttensuppe mit Schlagsahne.

Frühling

1. Wurzelpüree, geschmorte Zwiebeln oder Lauch, milchsaure Möhren.
   Obstsalat.
2. Gekochter Reis und Rote-Bete-Topf mit Äpfeln,
   grüner Salat mit Schwedenmilchsoße.
   Früchtequark.
3. Hafernußbratlinge, Weißkohl in heller Soße, gekochte Wurzelgemüse
   (Möhren, Sellerie usw.).
   Apfelsinen.
4. Spaghetti mit geriebenem Käse, Steckrüben in Tomatensoße, Möhrenrohkost.
   Apfelkuchen aus Schonen mit Milch.
5. Kartoffel-Kerbel-Suppe, Brötchen oder Knäckebrot, rohe Möhrenstifte.
   Apfelsinenreis.
6. Französischer Kartoffelgratin, gekochte Möhren, grüner Salat.
   Aprikosen-Apfel-Kompott.
7. Gemüsepie (z. B. Möhren, Zwiebeln, Sellerie), Käsesoße,
   Rote-Bete-Apfel-Rohkost.
   Hagebuttensuppe mit Vanilleeis.

Küchengeräte

Die Rezepte dieses Buches erfordern keine anderen Geräte oder Maschinen, als diejenigen, die in einer Großküche üblicherweise vorhanden sind. Freizeitköche müssen sich eventuell mit den üblichen Haushaltsmaschinen begnügen.

Vor allen Dingen braucht man ausreichend große Töpfe und Backöfen, eine Kippbratpfanne oder eine Bratplatte. Eine Universalküchenmaschine mit Schnitzelwerk (verschiedene Einsätze zum Raffeln und Schneiden in verschiedenen Formen und Feinheiten), Rührwerk (zum Mischen und Kneten) und Schlagwerk (zum Sahne- und Eiweißschlagen) braucht man auch in einer Großküche. Ein brauchbares Zusatzgerät ist ein Fleischwolf, durch welchen man gekochtes Getreide und Gemüse passieren kann. Auch ein richtiges Passiergerät kann von Nutzen sein.

Getreidearten

Wenn man ein Menü zusammenstellt oder sich überlegt, was man kochen will, fragt man sich, welche Gemüse mit welchen Getreidearten usw. zusammenpassen. Man könnte dabei nach der ernährungsmäßig besten Zusammenstellung fragen. Wenn man das tut, kommt man in Gedankenabläufe hinein, die schwer zu vereinen sind mit dem Gefühl für Geschmacksrichtungen und aromatische Düfte. Es ist schwierig, die Ernährungslehre mit dem «gastronomischen Sinn» zu verbinden.

Selbstverständlich muß ein Koch immer wieder seine Kenntnisse in bezug auf Ernährungslehre erweitern und vertiefen, aber wenn er in die Küche geht, sollte er sie vergessen und seinen gastronomischen Sinn auf dasjenige konzentrieren, was er kochen will; dadurch, daß er aktiv mit seinem Geschmacks-, Geruchs- und Sehsinn arbeitet, bereitet er Mahlzeiten zu, die gut munden.

Ich glaube, daß Speisen, die gut zubereitet und wohlschmeckend sind, eigentlich auch gesund sind. Im folgenden habe ich versucht, die einzelnen Getreidearten und verschiedenen Gemüse und Wurzelgemüse in erster Linie aus der Sicht des Kochkünstlers und nicht aus der der Ernährungslehre zu beschreiben. Das hier Niedergeschriebene sind Gedanken, die beim täglichen Umgang mit den Nahrungsmitteln entstanden sind.

Wir müssen lernen, auf die Gemüsearten, letztlich auf die ganze Pflanzenwelt zu «horchen», um uns von da aus beim Kochen inspirieren zu lassen. Es ist wichtig, daß der Koch lernt, die Pflanzen als etwas Lebendiges zu erfassen, und daß er seine Arbeit in der Küche als eine Förderung und Verwandlung dieses Lebens sieht.

Im Zubereitungsprozeß selbst geschieht eine Verwandlung von Naturprodukten. Diese werden in menschliche Nahrung umgewandelt, und das ist etwas anderes – etwas, das über die Naturprodukte hinausgeht. Es ist eine Veredelung.

Alle Pflanzen haben ihre eigene «Natur». Ein Kohlkopf, eine Möhre, eine Tomate: drei verschiedene Naturen, ganz verschiedene Seiten der Pflanzenwelt. Man kann sich mit den Gemüsearten bekanntmachen, indem man studiert, wie die verschiedenen Pflanzen wachsen und wie die Gemüsearten aus dem Leben der Pflanze herausreifen. Man kann auch die Qualitäten der Gemüsesorten anschauen: Form, Farbe, Konsistenz, Duft, Geschmack.

Eine andere Seite unserer Nahrungspflanzen ist deren Kulturgeschichte. Man kann verfolgen, wie verschiedene Nahrungspflanzen sich ausgebreitet haben und in verschiedenen Kulturen verschiedene oder gar keine Rollen gespielt haben. Viele unserer heutigen Gemüsearten wurden zum Beispiel früher als Heilpflanzen gebraucht.

Dadurch, daß man sich in die Natur und Kultur der Nahrungspflanzen vertieft, bekommt man ein gewisses Bild von ihnen. Wenn man versucht, dieses Bild mit Nährstoffanalysen und Beschreibungen des Gehalts an Nährstoffen in den Pflanzen zu verbinden, bekommt man allmählich von ihnen ein «Ganzheitsbild». Ein solches Ganzheitsbild kann für die Arbeit in der Küche zu einer wichtigen Inspirationsquelle werden.

In gewisser Hinsicht kann man erleben, daß, wenn man sich solche Bilder der Nahrungspflanzen schafft, die Pflanzen selbst zu uns sprechen; sie sagen, wie sie am besten zubereitet werden wollen, welche Gewürze zu ihnen passen, welche Gerichte sich aus diesem Gemüse oder jenem Getreide zubereiten lassen.

Meine Beschreibungen der Nahrungspflanzen sind Anregungen. Vieles ließe sich noch aus Botanik und Kulturgeschichte und über den Nährwert der einzelnen Pflanzen ergänzen.

Naturreis

Der Reis kommt aus dem Osten, wo er das wichtigste Grundnahrungsmittel ist. Aber es hat ihn schon seit vielen Jahrhunderten im Westen gegeben. In den Rezepten dieses Buches wird ausschließlich Naturreis oder Vollkornreis verwendet. Den Naturreis umhüllen im Gegensatz zum polierten weißen Reis noch Schalenteile. Dadurch hat er einen ausgeprägteren und kräftigeren Geschmack als der weiße, fast geschmacklose Reis. Der unpolierte Reis ist der ursprüngliche, und in dieser Form ist er so nährstoffreich, daß er alles enthält, was der Mensch an Nahrung braucht. Man kann ausschließlich von einer Handvoll Reis am Tag leben, wenn er auf die richtige Weise zubereitet und gegessen wird.

Es gibt viele verschiedene Reissorten, am bekanntesten sind Langkornreis und Rundkornreis. Einige Reissorten bilden mehr Schleim als andere und sind daher am geeignetsten für Breigerichte.

Reis läßt sich in der Küche leicht verarbeiten. Er ist einfach zu kochen, kann serviert werden, wie er ist, und die meisten mögen ihn.

Ein altes Sprichwort sagt vom Reis: Er steht mit dem Fuß im Wasser und mit dem Kopf im Feuer. Wenn man an die Bilder denkt, die man gewöhnlich vom Reisanbau sieht, mit vom Wasser überschwemmten Feldern und Reihen von Menschen, die nach vorn gebeugt arbeiten und sich durch große Hüte gegen die Sonne schützen, dann kann man ein Gefühl für diese Qualitäten bekommen: Wasser und Feuer.

Und diese geben uns den Schlüssel, wie wir den Reis servieren können: als gekochten Reis, Risotto, Curryreis. Wenn wir aus Reis Nachtische zubereiten, nehmen wir oft Milchprodukte dazu: Man serviert Milchreis oder gekochten Reis mit Milch, Quark oder Sahne. Fast alle Früchte passen zum Reis.

Reis und Curry sind eine klassische Kombination, in der wir den wäßrigen Reis mit dem feurigen Curry verbinden. Mit «Curry» meint man eigentlich eine Soße oder ein Gemüsegemisch, bei der verschiedene Gemüse mit der Gewürzmischung Curry (15-20 verschiedene Gewürze) kombiniert werden.

Zwiebeln passen gut zum Reis, zum Beispiel kann man Zwiebelachtel in Öl oder Butter anbraten, den Reis kurz mitbraten und dann Wasser hinzufügen. Fast alle Gemüsearten und Gewürze passen zum Reis.

Serviervorschläge

- Gekochter Reis mit Rote-Bete-Apfel-Eintopf, grüner Salat
- Risotto mit Möhrenrohkost und saurer Sahnesoße
- Gekochter Reis mit Gemüse in heller Soße, gemischter Salat
- Reissalat aus gekochtem Reis, milchsaurem Gemüse und feingeschnittenem, rohem Gemüse

Reis als Nachtisch ist ein wichtiges Kapitel.

Nachtischvorschläge

- Gekochter Reis mit Früchten und Schlagsahne gemischt
- Reis à l'Amanda, z. B. mit Kirschsoße
- Reis zusammen mit Früchten gekocht und mit Milch serviert

Gerste

Die Gerste ist diejenige Getreideart, die durch lange Zeiten hindurch über große Teile der Welt ausgebreitet war. Sie ist kräftiger als zum Beispiel Reis und Hirse und stellt größere Anforderungen an die Verdauung.

Wegen ihrer kurzen Vegetationszeit finden wir die Gerste als Hauptnahrungsmittel bei Völkern, die viel umherzogen, die Krieg führten oder in einem rauhen Klima lebten. Sie ist immer ein wichtiges Nahrungsmittel für aktive, wache und kämpferische Völker gewesen. In der alten griechischen Kultur spielte die Gerste eine große Rolle. Sie war das Getreide der Philosophen und der Krieger; sie gab ihnen Willensstärke sowohl im Denken als auch auf dem Schlachtfeld. Die alten Römer, die ein seßhaftes und friedliebendes Volk waren, betrachteten weder Gerste noch Hafer als Nahrungsmittel für den Menschen. Vornehme Römer aßen nur Weizen, aber ihren Gladiatoren und Soldaten gaben sie Gerste zu essen.

Durch die Willensbetonung der Gerste können wir das Feuerelement erleben. Aber wir können auch bemerken, daß die Gerste ein starkes Verhältnis zum Licht hat. Das äußert sich unter anderem in ihrem Reichtum an wertvollen Kieselsubstanzen (Kiesel ist diejenige Substanz, die im organischen Leben überall dort auftritt, wo Licht in den Organismus hinein vermittelt werden soll).

Die Gerste ist reich an wertvollen Mineralstoffen. Diese Mineralstoffe sind aber für den Stoffwechsel nicht unmittelbar zugänglich. Sich mit der Gerste auseinanderzusetzen stellt große Ansprüche an die Verdauung, aber sie nährt dadurch auch sehr gut.

Durch sachgemäße Bearbeitung der Gerste in der Küche kann man dazu beitragen, sie leichter verdaulich zu machen. Durch Einweichen und Darren fördert man einen «Reifungsprozeß», und es werden Aroma- und Geschmacksstoffe gebildet (unter anderem verschiedene Zuckerarten), die die Gerste wohlschmeckender und leichter verdaulich machen (siehe zum Darren Seite 115).

Wenn ich bei einer Mahlzeit Gerste serviere, dann in grobgeschroteter Form und nicht als ganzes Korn. Geschmack und Konsistenz werden sehr viel feiner. Auch Gerstenflocken lassen sich verwenden. Im Handel gibt es eine gedarrte, grobgeschrotete Gerste unter der Bezeichnung «Thermogrütze».

Beim Kochen von Gerste sollte man immer Gewürze verwenden, zum Beispiel gemahlenen Koriander oder Fenchel. Nach dem Kochen, beim Quellvorgang, können Kräuter wie Majoran, Thymian oder Ysop zusammen mit Petersilie oder Dill hinzugefügt werden. Man kann auch einmal versuchen, etwas durchgepreßten Knoblauch unter die fertiggekochte Gerste zu mischen. Aus übriggebliebener Gerstengrütze kann man Gerstenbratlinge oder verschiedene Aufläufe machen.

Die Gerste ist, wie gesagt, etwas «rauher» und kräftiger, aber durch sorgsame Behandlung in der Küche kann man sehr gute Gerichte aus ihr zubereiten. Wenn wir Gerste servieren, sollten wir sie mit zarten und milden Komponenten, zum Beispiel Milchprodukten (saure Sahnesoße, Quarksoße) oder einer warmen weißen Soße kombinieren.

Auch die Gemüse, die wir dazu reichen, dürfen gerne leicht und «freundlich» sein; bewährt haben sich Zuckererbsen, Möhren, Blumenkohl, Spinat, Mangold, Zwiebeln, Gurken und grüner Salat. Zur Gerste lassen sich gut milchgesäuerte Gemüse servieren.

Serviervorschläge

- Gekochte Gerstengrütze (gewürzt mit Koriander, Knoblauch und Majoran), Weißkohlgemüse und milchsaure Möhren
- Gekochte Gerstengrütze mit Kräuterbutter, gekochtem Gemüse (z.B. Möhren und Zuckererbsen) und einem grünen Salat
- Gerstenbratlinge mit Mangoldgemüse und Möhrenrohkost

Sicher gibt es viele Möglichkeiten, Gerste als Nachtisch zu reichen, aber ich finde, daß sie für Nachtische zu schwer ist. Man kann aber zum Beispiel eine Obstsuppe mit etwas fein gemahlener Gerstengrütze binden. Das gibt der Suppe eine feine Konsistenz.

Ein klassisches Rezept ist Gerstengrütze. Wird sie auf die rechte Weise zubereitet und mit einem guten Kompott, Milch oder Sahne serviert, ist sie eines der besten Gerichte, das man anbieten kann.

Hirse

Die Hirse ist das Getreide der südlichen Halbkugel der Erde, ist aber über große Teile der Welt verbreitet. In früheren Zeiten war die Hirse ein sehr wichtiges Nahrungsmittel in Europa. Der Hirseanbau erfordert jedoch viel Wärme. Man weiß, daß während des Bronzezeitalters (das wärmer als unsere Zeit war) bis weit hinauf auf der skandinavischen Halbinsel Hirse angebaut wurde.

Während des Wachstums und in der Reifezeit ist das Hirsekorn dem Sonnenlicht und der Wärme stark ausgesetzt, und es entsteht daher ein «richtig reifes» Getreidekorn. Eine Folge dieses starken Reifeprozesses ist, daß die Hirse ein «schnellkochendes» Getreide ist (sie ist sozusagen schon durch die Wärme vorgekocht). Dadurch ist sie auch für den Menschen leicht verdaulich.

Die Hirse enthält viele Mineralstoffe, unter anderem viel Kiesel, eine Mineralsubstanz, die für den Menschen sehr wichtig ist. Hirse ergibt eine leicht zu verdauende Nahrung. Sie ist daher eine sehr gute Kindernahrung. Der leichte und warme Charakter der Hirse ist für uns der Anlaß, sie mit kräftigen, mineralreichen Gemüsen und Wurzelgemüsen wie Kohl, rote Bete, Sellerie, Möhren und Mangold zu verbinden. Hirse, kombiniert mit zarten Gemüsen, gibt delikate und elegante Gerichte.

Gewürze, die gut zur Hirse passen, sind: Koriander, Paprika, Thymian, Basilikum, Dill.

Serviervorschläge

- Gekochte Hirse, gekochte rote Bete, Meerrettichsoße, Weißkohlsalat mit Rosinen
- Hirseauflauf (Tomaten als Füllung), gekochte Möhren, Dillsoße, grüner Salat
- Hirsebratlinge, Rote-Bete-Rohkost, Weißkohlgemüse (oder andere gekochte Gemüse mit einer hellen Soße)

Nachtischvorschläge

- Gekochte Hirse mit irgend einer Obstsorte und geschlagener Sahne
- Hirsegrütze mit Blaubeerkompott und Milch serviert
- Hirsegrütze mit gehackten Nüssen, abgeriebener Orangenschale und Ingwer, zum Schluß vorsichtig mit geschlagener Sahne gemischt; dazu Kompott oder Fruchtsoße

Roggen

Der Roggen ist die kräftigste einheimische Getreideart. Er braucht für sein Wachstum ein ganzes Jahr und fühlt sich in kalten, feuchten Gebieten wohl. Osteuropa, Skandinavien und Rußland sind seine Heimatgebiete. Das Roggenkorn hat eine blaugrüne Farbe. Wenn wir Brot daraus backen, wird es dunkelbraun oder schwarz. Diese Charakterzüge lassen uns den Roggen mit den Elementen Wasser und Erde verbinden.

Der Roggen ist diejenige Getreideart, die am besten zum Brotbacken geeignet ist. Roggenbrot ist eine außerordentlich gute Nahrung für den physischen Leib des Menschen – das tägliche Brot! Der Roggen erfordert eine gesunde und starke Verdauungskraft. Können wir ihn aber verdauen, gibt er uns Kraft und «Rückgrat».

Interessant ist, daß aus dem Roggen unglaublich viele verschiedene Brotsorten gebacken werden können. Mitten durch Europa hindurch geht eine Grenze. Westlich davon essen die Menschen kein Roggenbrot, sondern lieber Weißbrot. Östlich dieser Grenze finden wir diejenigen Völker, die gerne Roggenbrot essen. Die Grenze verläuft ganz deutlich zwischen Frankreich und Deutschland. Wir können die Grenze weiter gegen den Norden hin ziehen, dort finden wir – mitten auf der Grenze – Dänemark; auf einem typisch dänischen Tisch finden wir immer sowohl (deutsches) Roggenbrot als auch (französisches) Weißbrot.

Weiter oben im Norden verläuft die Grenze zwischen Norwegen und Schweden, wenn auch in abgeschwächter Form. Es gibt aber ganz deutlich mehr Roggenbrot in Schweden als in Norwegen (man braucht nur an alle schwedischen Knäckebrotsorten zu denken). In Norwegen gibt es fast kein Roggenbrot. Gehen wir weiter nach Osten, finden wir eine starke Roggenbrottradition in Finnland, das sein eigenes, ganz spezielles Roggenbrot hat. Kommen wir hinein nach Rußland, gibt es fast nur noch Roggenbrot.

Der Roggen wird also in erster Linie zum Brotbacken verwendet, aber man kann auch Mittagsgerichte daraus zubereiten. Ich kenne zwei Roggengerichte, die ich sehr gern esse. Im Winter kann ein kräftiger und starkgewürzter Roggenauflauf eines der besten Gerichte sein, die man servieren kann – wärmend, stärkend und wohlschmeckend. Roggenkümmelsuppe ist auch eines meiner Lieblingsgerichte, das an Popularität gewinnt, je öfter man es serviert.

Man kann zum Essen auch Knäckebrot oder anderes Roggenbrot reichen, um dadurch eine Roggenkomponente in der Mahlzeit zu erhalten.

Sowohl beim Backen als auch beim Kochen mit Roggen muß man reichlich Gewürze verwenden. Kümmel, Anis, Rosmarin, Paprika und Cayenne sind Gewürze, die gut zum Roggen passen.

Serviervorschläge

- Roggenauflauf, gekochte Möhren, flüssige Butter, Sauerkrautsalat
- Roggenkümmelsuppe, danach gebackenes Gemüse mit Kräuterbutter und Salat
  Als Abschluß ein leichter Nachtisch, z. B. Kompott oder Obstsalat.

Roggen eignet sich kaum für Nachtische. Aber Roggenbrei schmeckt gut! Er kann mit Preiselbeerkompott und Milch serviert werden.

Hafer

Der Hafer ist das Getreide des Nordens. Er hat eine kurze Vegetationszeit, keimt und wächst rasch und reift schnell. Seine ganze Vegetationszeit umfaßt nur vier Monate. Es scheint, als wolle er den raschen und intensiven Verlauf des nordischen Sommers, aber auch dessen Kürze ausdrükken.
Der Hafer enthält mehr Fett als die anderen Getreidearten. Diese Fette werden leicht ranzig, sobald das Korn angebrochen ist. Der verhältnismäßig schnell reifende Hafer ist leichter als der langsam reifende Roggen. Der Hafer ist wie ein Sommerwind – durchdrungen von Wärme und Luft. Er ist wie der nordische Sommer, in welchem die Luft am Tage sehr heiß sein kann, aber in der Nacht kühl ist, weil die Wärme nicht stark genug in das irdische Element eindringen kann.
Gewöhnlich kennen wir den Hafer nur als Haferflocke, die wir als Brei, Müsli oder vielleicht als Gebäck genießen. Es gibt aber viele Zubereitungsmöglichkeiten für den Hafer. Hafer, als ganzes Korn gekocht, schmeckt sehr gut. Aber er muß auf die richtige Weise zubereitet werden. Darrt man den Hafer, so entlockt man ihm ein sehr feines, nußartiges Aroma und einen ebensolchen Geschmack. Gedarrter Hafer ist leichter zu kochen, er bekommt eine feine, lockere Konsistenz, während ungedarrter Hafer die Tendenz hat, zusammenzukleben. (Im Rezeptteil gibt es auf Seite 115 eine Beschreibung für das Darren von Getreide.)
Beim Kochen geben wir gemahlenen Koriander oder Anis und Fenchel zum Hafer. Zu einem späteren Zeitpunkt des Kochprozesses können Kräu-

ter, zum Beispiel Thymian, Majoran, Bohnenkraut oder Petersilie, hinzugefügt werden.

Wenn man Hafer zum Mittagessen serviert, muß man ihn mit interessanten Geschmackserlebnissen ergänzen. Das Abschmecken mit Kräutern und Gewürzen ist wichtig. Verschiedene milchsaure Gemüse passen gut zum Hafer. Die Gemüse müssen appetitlich anzusehen sein und sollten nicht allzu schwer sein. Zwiebeln, Lauch, Fenchel, Möhren, Mangold, grüne Bohnen, Zuckererbsen, Gurken und Tomaten passen gut zum Hafer.

Serviervorschläge

- Gekochter Hafer (Koriander, Majoran), gedünstete Möhren mit Curry, Sauerkrautsalat. Hagebuttensuppe
- Haferbratlinge, Mangoldgemüse, Möhrenrohkost. Fruchtquark
- Haferauflauf mit Gemüsen der Saison, Dillsoße, milchsaure Möhren oder grüner Salat

Hafer kann auch für Suppen verwendet werden, und zwar in Form von Haferflocken oder Feinschrot aus gedarrtem Hafer. Und natürlich darf auch der Haferbrei nicht vergessen werden!

Mais

Der Mais ist das Getreide Amerikas. Für die Indianer war der Mais von größter Bedeutung für das Überleben. Die Größe des Maiskolbens übertrifft die Ähren der übrigen Getreide um ein Vielfaches. Die Kolben aber entwickeln sich unten am Stengel als Seitentriebe, an der Spitze der Pflanze befinden sich die männlichen Blüten.

In dieser Rezeptsammlung gibt es keine Rezepte mit Mais. Das kann man beklagen, hat aber seinen Grund in meinem totalen Mangel an Erfahrung mit Mais. Wenn man Gerichte mit Mais finden will, muß man in der mexikanisch-indianischen Küche suchen. Auch in der indischen Küche gibt es Gerichte auf Maisbasis. In der italienischen Küche findet man verschiedene Gerichte mit Polenta. Die Polenta wird aus Maisgrieß hergestellt.

Weizen

Der Weizen ist der König unter den Getreiden. Untersucht man das Weizenkorn näher, entdeckt man dessen hohe Entwicklung und seinen differenzierten Aufbau. Man sieht eine klare Abgrenzung zwischen Mehlkern, Keim und den umhüllenden Randschichten und Schalenteilen. Bei den anderen Getreiden sind diese Teile nicht so deutlich voneinander geschieden wie beim Weizen. Wenn man den Weizen mit den anderen Gereidearten vergleicht, entdeckt man, daß er eine ausgeglichene Zusammenfassung aller übrigen ist, die jede für sich Ausdruck einer gewissen Einseitigkeit sind.

Weizen verwendet man selten als ganzes Korn, aber zu Mehl gemahlen (Vollkornmehl oder Weizenmehl) gibt er uns eine Vielfalt von Möglichkeiten in der Küche. Vor allem wird Weizen für viele helle Brotsorten und für Kuchen verwendet. Wenn ich hier von Weizenmehl spreche, meine ich eine ungebleichte Sorte, die auf eine solche Weise gemahlen und gesiebt wurde, daß ein großer Teil der wertvollen Mineralstoffe aus den Randschichten des Weizenkornes noch darin enthalten ist. Das ist der Fall bei verschiedenen Vollkornmehlsorten, die im Naturkosthandel erhältlich sind. In den Rezepten nenne ich es der Einfachheit halber Weizenmehl.

Für Mittagsmahlzeiten verwendet man Vollkornmehl oder ausgesiebtes Weizenmehl in Pieteigen, Pizzaböden, Piroggen, Soßen, Suppen, Pfannkuchen usw. Man kann es auch als Bindemittel in Bratlingen und Aufläufen verwenden.

Man kann gekochten Weizen zum Mittagessen entweder als ganzes Korn oder als groben Schrot servieren. Gekochter Weizen kann auch in Bratlingen, Aufläufen oder in Salaten Verwendung finden, wo man ihn mit verschiedenen gekochten oder milchgesäuerten Gemüsen mischt. Man kann auch einen Obstsalat mit einer kleineren Menge gekochten Weizens mischen und dann geschlagene Sahne vorsichtig unterheben. Aus Weizen läßt sich auch ein schmackhafter Brei kochen, wofür man ihn aber nicht allzu fein mahlen sollte.

Gemüse und Wurzelgemüse

Weißkohl

Innerhalb der Familie der Kohlgewächse (Kreuzblütler) finden wir wichtige Nahrungspflanzen. Kohl ist ein sehr «altes» Gemüse. Der Name Kohl ist im alten nordischen Sprachgebrauch gleichbedeutend mit Gemüsekost.
Kohl erleben wir oft als schwer, schwerverdaulich und «bäurisch». Aber vielleicht brauchen wir gerade etwas «Bäurisches» als Einschlag in unsere sonst so «verfeinerte», leichte moderne Essenskultur.
Der Weißkohl ist ein Blattgemüse, hat aber keine so leichten und zarten Blätter wie zum Beispiel grüner Salat. Rohe Kohlblätter sind recht schwer zu verdauen und verursachen Blähungen. Die einzelnen Zellen des Kohlblattes sind sehr zäh und fest und erfordern große Anstrengungen des Verdauungsapparates, um sie abzubauen. Kohl enthält einen hohen Anteil an sogenannten Pflanzenfasern und hat daher einen günstigen Einfluß auf Magen und Darm.
Der Charakter des Kohls kann als wäßrig, kalt und schwer beschrieben werden. Aber er ist nützlich, und wenn wir lernen, ihn in der rechten Weise in der Küche zuzubereiten, gibt er uns unendliche Möglichkeiten, spannende Gerichte herzustellen.
Man kann ihn kochen oder dünsten. Will man Salat aus ihm machen, hobelt (oder schneidet) man ihn fein und stampft ihn, so daß die Zellwände zerquetscht werden, danach kann man eine wohlschmeckende Salatsoße hinzufügen.
Sauerkraut ist eine Zubereitungsart von Weißkohl, die wieder mehr zur Anwendung kommen sollte, da sie eine so günstige Wirkung auf die Verdauung hat.
Kohl sollte immer gut gewürzt werden. Kümmel ist unumgänglich, Senfkörner sind auch ein wichtiges Gewürz für Kohl. Andere Gewürze, die gut zu Kohl passen, sind Wacholder, Dill, Petersilie, Rosmarin und Curry.
Kohl läßt sich in einer Mahlzeit gut mit anderen Gemüsen zusammenstellen, man muß aber darauf achten, daß die Mahlzeit als Ganzes nicht zu schwer wird. Man bietet immer nur eine Kohlsorte pro Mahlzeit an. Kohl sollte nicht mit anderen Nahrungsmitteln, die Blähungen hervorrufen, kombiniert werden. – Weißkohlsalat kann zu Hirse, Reis oder Gerichten aus Weizenmehl (Pie, Pizza und ähnlichem) serviert werden. Er paßt gut zu Möhren, Pastinaken, rote Bete und Lauch.

Gekochter, gebratener oder gedünsteter Weißkohl paßt zu allen Getreidearten. Wird er mit Gersten- oder Hafergerichten serviert, ist es gut, milchgesäuerte Möhren oder andere milchsaure Gemüse dazu zu reichen. Gehobelter (oder fein geschnittener), gestampfter Weißkohl eignet sich gut als Basis für gemischte Salate, aber die übrigen Zutaten dürfen nicht zu schwer sein. Tomaten, Gurken und Paprika passen gut. Sauerkraut paßt zu fast allem!

Serviervorschläge:

- Weißkohlgemüse, Hirseauflauf, Möhrenrohkost
- Gekochte Hirse, gekochte rote Bete, Meerrettichquark, Weißkohlsalat
- Gedünsteter Weißkohl, gekochte Gerstengrütze, milchgesäuerte Möhren
- Gekochter Reis, gekochter Weißkohl, Kräuterbutter, Rote-Bete-Apfel-Rohkost.

Steckrübe, Kohlrübe

Die Steckrübe ist ein herrliches Wurzelgemüse; man könnte sie als «Apfelsine des Nordens» bezeichnen. Steckrüben sind eine kräftige Kost, die große Anforderungen an die Verdauung stellt. Deshalb muß sie in der Küche sorgfältig zubereitet werden.

Welchen «Charakter» hat die Steckrübe? Alle Kohlarten sind wie einseitige Betonungen einzelner Teile einer «normalharmonischen» Pflanze. Blumenkohl – eine vergrößerte Blüte; das gleiche gilt für Broccoli. Grünkohl – «übertriebene» Betonung der grünen Blätter. Weißkohl – verdickter Haupttrieb mit dicht zusammengezogener Blattentwicklung. Steckrübe – verdickter Stengel.

Kohlrabi, Mairübe, Steckrübe – charakteristisch für alle drei ist, daß sie dort eine Art «Frucht» gebildet haben, wo sich sonst der Stengel befindet. Dort hat Anreicherung von Wasser und Substanz stattgefunden, süß und fruchtähnlich.

Die Steckrübe wird beim Kochen süß, und ihre helle gelbe Farbe steigert sich zum Orange hin. Sie fängt tatsächlich an, einer Apfelsine zu gleichen! Und sie ist ja auch eine gute Vitamin-C-Quelle.

Die Steckrübe hat einen ganz markanten Eigengeschmack: Sie schmeckt wirklich etwas schwefelartig!

Steckrübengerichte müssen immer gut gewürzt werden. Gewürze, die gut passen, sind Senf, Kümmel, Anis, Muskatnuß, Dill und Petersilie.
Steckrüben können auf vielfältige Weise serviert werden. Als Rohkost sind sie sehr fein zu raffeln. Selbstverständlich werden Gewürze hinzugefügt (Anis, Dill und Muskatnuß oder Senf). Am besten wird die Rohkost «eingebunden» in eine Soße aus Sahne, Schwedenmilch oder saurer Sahne. Aber die Steckrübe ist am schmackhaftesten, wenn sie gekocht oder gedünstet serviert wird.

Serviervorschläge

- Gedünstete Steckrübenstifte in Tomatensoße
- Gekochte Steckrüben zusammen mit anderen Gemüsen
- Wurzelpüree (eventuell Steckrüben-Kartoffel-Püree)
- Steckrüben in Gemüsesuppen (man kann auch eine reine Steckrübensuppe kochen)
- Steckrüben in Eintopfgerichten

Zwiebel

Die Zwiebel ist ein Gemüse (oder eine Gewürzpflanze, wenn man so will), durch das man fast allen Gerichten einen Pfiff geben kann. Es gibt verschiedene Zwiebelarten, vor allem gelbe und rote Zwiebeln – und gewisse Zwiebeln, von denen man nur die Spitzen verwendet.
Die Zwiebel ist «feurig» und brennend, was mit ihrem Gehalt an Schwefel zusammenhängt. Es gibt Menschen, die es «unbehaglich» finden, Zwiebeln zu essen, da sie Magen und Darm in Bewegung bringen – sie aktivieren den Stoffwechsel, was ebenfalls mit dem Schwefel zusammenhängt.
Serviert man Kohl mit Zwiebeln, kann diese Zusammenstellung bei manchen Menschen große Unruhe in der Verdauung hervorrufen.
Zwiebeln sind eine gute Grundkomponente in Suppen und Soßen. Dafür werden sie feingehackt, leicht in Öl oder Butter angebraten und dann zur Soße oder Suppe gegeben.
Man kann auch ausschließlich Zwiebeln für eine Suppe verwenden, wie zum Beispiel bei der von vielen so geliebten Französischen Zwiebelsuppe (mit Brot und Käse überbacken).
Für Eintopfgerichte sind sie eine unumgängliche Zutat.
Sie passen gut zu Getreide: im Risotto, als Schicht im Hirseauflauf, in Getreidebacklingen usw.

Lauch

Der Lauch gleicht mehr einem Gemüse als seine Geschwister, die gelbe und die rote Zwiebel. Er ist nicht ganz so stark und brennend im Geschmack. Er ist seinem Charakter nach auch sehr leicht und kann eine Mahlzeit mit «schweren» Gemüsen auflockern.
Haben wir ein Gericht, das Lauch enthält, können wir fast sicher sein, daß es eine schön anzusehende, appetitliche Mahlzeit wird.
Gewürzvorschläge: Fenchel, Muskat, Petersilie, Knoblauch. Lauch darf niemals zu lange gekocht werden, er wird dann schlaff und langweilig. Als gekochtes Gemüse kann man ihn zusammen mit Möhren, Steckrüben oder anderen Gemüsen servieren. Man achte darauf, daß das Kochwasser von Gemüsen immer aufbewahrt wird, denn es kann als Grundlage für Suppen und Soßen dienen!
Lauch läßt sich sehr gut in einer Soße servieren. Er paßt in fast alle Suppen, herrlich ist eine Kartoffelsuppe mit Lauch.

Serviervorschläge

- Gekochte Gerstengrütze, gekochte Möhren, gekochter Lauch, helle Soße aus dem Lauchkochwasser, Sauerkrautsalat mit Äpfeln
- Kartoffelsuppe mit Lauch, Brötchen. Hirse- oder Grießpudding mit Saftsoße als Nachtisch
- Gemüsepie mit Möhren, Lauch und Sellerie, Rote-Bete-Apfel-Rohkost, Käsesoße

Möhre

Die Möhre ist der absolute König unter den Gemüsen. Je mehr man mit ihr umgeht, desto lieber gewinnt man sie. Man kann sie jeden Tag essen, ohne ihrer überdrüssig zu werden.
Die Möhre ist eine echte Wurzel, aber nicht irgendeine langweilige und bittere. Nein, sie ist eine Wurzel, die ganz durchdrungen ist von der Sonne und der Süße des Sommers. Schneide eine dünne Scheibe von einer Möhre ab, halte sie gegen das Licht und betrachte sie!
Die Möhre ist so durchdrungen von Geschmack und Aroma, daß man mit dem Würzen vorsichtig sein sollte. Gewürze, die gut zu ihr passen, sind Dill, Anis, Petersilie, Thymian und Curry.

Viele essen die Möhre gerne roh und finden, daß sie so sehr gut schmeckt! Raffelt man sie und gibt einige Tropfen Öl und Zitronensaft hinzu, bekommt man eine wunderbare Rohkost.

Schneidet man sie in Scheiben, Stifte oder in irgendeine andere Form und kocht sie, hat man ein appetitlich anzusehendes und wohlschmeckendes Gemüse, das zu allem paßt.

Kocht man sie und stampft oder preßt sie zu Mus, hat man ein Gericht, das auch der kränkste und schwächste Magen vertragen kann.

Dünstet man sie (vorsichtig anbraten mit wenig Wasserzusatz) zusammen mit Zwiebeln, Curry oder anderen Gewürzen, bekommt man interessante Gerichte.

Man kann sogar einen Kuchen aus ihr backen: Möhrenkuchen! Ja, die Möhre birgt unendliche Möglichkeiten in sich. Wie oft bin ich im Winter, wenn es kaum ein anderes Gemüse gab, unendlich dankbar gewesen, daß es die Möhre mit ihrem ganzen Reichtum an Geschmack und Aroma gibt!

Pastinake

Die Pastinake ist eine Schwester der Möhre, sie besitzt aber bei weitem nicht die gleichen hohen Qualitäten wie ihre exzellente Schwester.

Die Pastinake wird niemals roh, sondern immer zubereitet serviert. Sie paßt gut in Suppen, Gemüsemischungen und in Pies. Sie schmeckt sehr gut, wenn sie im Ofen gebacken wird.

Sie ist eine feine Geschmackskomponente in Gemüsesuppen. Sie kann gekocht serviert werden, aber am besten mit anderen Gemüsen wie Möhren, Mangold, Weißkohl, Zwiebeln oder Lauch zusammen. Fenchel, Koriander, Muskatnuß und Basilikum sind Gewürze, die gut zur Pastinake passen. Will man Pastinaken als einziges Gemüse servieren, habe ich zwei gute Vorschläge.

Serviervorschläge

- Pastinaken in einer hellen Soße
- Gebackene Pastinaken (im Römertopf mit etwas Olivenöl und gemahlenem Fenchel)
  Zu gebackenen Pastinaken serviert man z. B. Quarksoße, gekochtes Getreide und einen Salat.

Petersilienwurzel

Die Petersilienwurzel ist die jüngste Schwester in der Geschwisterschar Möhre, Pastinake, Sellerie und Petersilienwurzel. Sie gehören alle zur Familie der Doldenblütler, in der wir auch die Gewürzpflanzen Dill, Petersilie, Kümmel, Anis, Fenchel und Koriander finden.
Die Petersilienwurzel ist weiß wie die Pastinake, aber fester und kleiner, mehr konzentriert, was Form, Geschmack und Aroma betrifft.
Die Petersilienwurzel wird meist mit anderen Gemüsen zusammen serviert. Sie gibt einer Suppe Kraft und einen feinen Geschmack. Sie paßt in Gemüsemischungen und in Eintopfgerichte.

Sellerie

Der Sellerie ist der kleine, etwas klobige Bruder in dieser Gruppe, aber es fehlt ihm nicht an Qualitäten, man muß sie nur entdecken.
Sellerie wird am besten mit anderen Gemüsen zusammen serviert. Alleine hat er die Tendenz, zu sehr zu dominieren, und es gibt Menschen, die eine ausgesprochene Antipathie gegen seinen Geschmack und sein kräftiges Aroma haben.
Sellerie paßt am besten in Gemüsemischungen, in Suppen oder Eintöpfe. Aber man kann auch leckere Gerichte fast ausschließlich aus Sellerie machen. Man kann zum Beispiel eine Sellerierohkost (mit Sahnesoße) servieren. Man kann einen originellen und gut schmeckenden Auflauf aus Sellerie und rote Bete zubereiten. Aus Sellerie und Haferflocken kann man eine leckere Suppe kochen. Selleriebratlinge und panierter Sellerie sind auch sehr beliebte Gerichte.

Rote Bete

Die rote Bete ist ein Wurzelgemüse, das neu entdeckt und in der modernen Küche zur Anwendung kommen sollte. Rote Bete läßt sich nicht nur sauer einlegen, es gibt viele andere Möglichkeiten der Verwendung.
Die rote Bete gehört zur Familie der Gänsefußgewächse (Chenopodiaceae), zu der auch Mangold, weißer Gänsefuß, Zuckerrübe und Spinat

gehören. Als «Gemüse» ist die rote Bete entstanden durch ein Zurückhalten des Stengelwachstums und ein Anschwellen an der Stelle des Übergangs von der Wurzel zum Stengel. Statt daß die Pflanze in die Blüten- und Samenbildung schießt, wird sie zurückgehalten, was eine Art innere Frucht- und Blütenbildung zur Folge hat.

Die intensive rote Farbe des Rote-Bete-Saftes bringt uns unmittelbar dazu, ihn mit dem Blut zu vergleichen. Im Geschmack ist dieser Saft oft ungeheuer stark und intensiv, und es kann für manchen schwierig sein, viel davon zu trinken.

Die rote Bete ist süß und salzig zugleich. Will man die rote Bete in der Küche verarbeiten, nimmt man ihre Süße als Ausgangspunkt. Man kann viele wohlschmeckende und nützliche Gerichte aus ihr machen, wenn man die Süße durch Äpfel, andere Früchte oder Möhren noch verstärkt. Auch Säure kann die rote Bete noch sympathischer machen.

Rote-Bete-Suppe ist eines meiner Lieblingsgerichte. Sie ist eine kräftige und stärkende Suppe, die man an einem kalten Wintertag besonders schätzt.

Das Würzen ist bei Rote-Bete-Gerichten besonders wichtig. Viele Gewürze passen gut zu ihr, besonders heiße und exotische Gewürze wie Muskat, Ingwer, Nelke, Lorbeerblatt, Anis und Kümmel. Aber Vorsicht: Nicht überwürzen, und die Gewürze mit Sorgfalt wählen!

Serviervorschläge

- Rote-Bete-Apfel-Rohkost (leicht gewürzt mit Anis, Muskat und Nelke)
- Rote-Bete-Möhren-Rohkost mit Apfelsinensaft
- Eintopf aus rote Bete, Zwiebeln, Äpfeln
- Eintopf aus rote Bete, Kartoffeln, Möhren und Zwiebeln

Rote Bete kann auch als Ganzes gekocht werden (mit Schale und Blattansätzen, sonst «verbluten» sie). Etwas Zucker, Apfelessig, Lorbeer, Anis und Kümmel ins Kochwasser geben. Rote Bete, als Ganzes gekocht, kann zu verschiedenen Getreidegerichten serviert werden. Junge, frische rote Bete ist schnell gar und wird gerne mit Butter serviert.

Serviervorschläge

- Gekochte Hirse, gekochte rote Bete, Meerrettichquark, grüner Salat
- Gekochter Reis, Rote-Bete-Apfel-Eintopf
- Getreidebratlinge, Rote-Bete-Apfel-Rohkost, Lauchgemüse

Mangold

Der Mangold stammt aus der gleichen Familie wie die rote Bete, aber hier ist es nicht der Übergang von der Wurzel zum Stengel, sondern der Stengel-Blatt-Bereich, der betont ist. Der Mangold enthält viel Saft, der klar und wäßrig ist.

Während die «Mangoldsaison» – von Juni an bis hin zu den ersten Frostnächten im Herbst – hat man ein vielseitig zu verwendendes und nützliches Gemüse zur Hand.

In der Küche teilt man oft das grüne Blatt und die Stiele. Die Stiele werden auch als «falscher Spargel» bezeichnet. Sie können – kurz gekocht – als eigenständiges Gemüse gereicht werden. Die grünen Blätter werden wie Spinat serviert, in einer hellen Soße oder einfach leicht gekocht. Man kann Blätter und Stiele auch zusammen verwenden, zum Beispiel in einem Eintopf oder in einer hellen Soße angerichtet.

Mangold sollte mit warmen, starken Gewürzen abgeschmeckt werden: Ingwer, Knoblauch, Muskat, Majoran, Dill.

Serviervorschläge

- Mangoldpie (ein Pie, gefüllt mit gedünstetem Mangold, eventuell gemischt mit Zwiebeln; Muskat), Möhrenrohkost, Käsesoße.
- Gekochter Reis mit gekochten Mangoldstielen, Möhren und Bohnen mit Kräuterbutter, grüner Salat
- Getreidebratlinge, Mangoldgemüse, Tomaten-Zwiebel-Salat
- Mangoldsuppe mit Brot. Hirseauflauf mit Beeren zum Nachtisch

Spinat

Der Spinat kommt aus derselben Familie wie rote Bete und Mangold, der der Gänsefußgewächse. Normalerweise ist die Saison für Spinat sehr kurz. Aber wenn man ihn zu verschiedenen Zeitpunkten während des Sommers aussät, kann man dieses delikate Gemüse eine lange Zeit zur Hand haben. In bezug auf den Spinat muß man sich im klaren darüber sein, daß diese Pflanze die Tendenz hat, hohe Nitratwerte zu speichern, was – besonders für Kleinkinder – gefährlich sein kann. Das gilt besonders für Spinat, dem viel Kunstdünger zugesetzt wurde. Spinat, der biologisch angebaut und einzig mit Kompost gedüngt wurde, enthält dagegen in der Regel keine gefährlichen Nitratmengen. Es wird auch gesagt, daß man gekochten Spinat nicht aufwärmen sollte, da der Nitratgehalt dann steigt.

Ungezählt sind die Gerichte, die sich aus Spinat kochen lassen. Hier nur einige Beispiele: Spinatsalat, Spinat in einer hellen Soße, Spaghetti mit Spinat, Spinat-Lasagne, Spinatsuppe, Spinat in Mürbeteig, Spinat als Füllung für Piroggen, Spinatpie.

Gewürze, die gut zu Spinat passen, sind Majoran, Muskat, Ingwer, Dill, Knoblauch, Thymian; aber bitte nicht alle auf einmal nehmen, sondern mit Geschmack und Sorgfalt wählen.

Grünkohl

Grünkohl ist ein richtiges Wintergemüse. Durch ihn hat man «frisches Grün» bis weit in den Winter hinein zur Verfügung. Wenn man sich mit vegetarischer Küche beschäftigt, merkt man, wie wichtig die grüne Komponente einer Mahlzeit ist. Diese vermißt man oft im Winter, und da ist der Grünkohl die Rettung.

Er läßt sich aber nicht genauso leicht und einfach servieren wie grüner Salat. Die Grünkohlblätter sind fest und ledrig, und es kann der Verdauung Schwierigkeiten bereiten, sich damit zu beschäftigen. Sie erfordern daher eine sorgfältige Zubereitung in der Küche.

Wie alle Kohlsorten muß auch der Grünkohl gut gewürzt werden: Fenchel und Anis fürs Kochwasser – Senfkörner sind auch gut – später dazu Muskat, Majoran oder Dill.

Grünkohl kann auch als Rohkost serviert werden, aber dann muß man ihn sehr fein hacken und mit einer Soße aus Sauerrahm oder Sahne versehen. Die einfachste Art, Grünkohl zu servieren, ist, ihn in einer hellen Soße anzurichten oder eine Suppe davon zu kochen. Grünkohlsuppe ist eine schmackhafte und nützliche Wintermahlzeit.

Serviervorschläge

- Hirseauflauf, gekochte Möhren, Grünkohlsalat
- Grünkohlsuppe, Brot, rohe Möhren. Apfelkuchen mit Vanillesoße
- Gebackene Kartoffeln, Grünkohl in heller Soße, milchsaure Möhren

Blumenkohl

Der Blumenkohl ist eines unserer beliebtesten Gemüse. Sein Anbau erfordert viel Pflege und Sorgfalt, um große, weiße und feste Köpfe zu bilden. Daher ist ein großer Teil des im Handel befindlichen Blumenkohls gespritzt und behandelt.

Blumenkohl ist ein «leichtes» Gemüse. Beim Kochen muß man sehr vorsichtig sein, da man ihn leicht «zerkochen» kann. Blumenkohl läßt sich auch roh als Zutat in einem Salat servieren.

Wenn ich Blumenkohl in der Hand habe, habe ich immer Lust, Dill und Zitrone hinzuzufügen, um die feine Zartheit zu unterstreichen. Man kann Blumenkohl als Ganzes kochen, mit gehacktem Dill oder gehackter Petersilie bestreuen und ihn mit Zitronensoße und gekochtem Reis anrichten.

Oft serviert man Blumenkohl zusammen mit anderen Gemüsen, zum Beispiel mit Möhren und Zuckererbsen. Eine Blumenkohlsuppe kann ein gastronomischer Höhepunkt sein. Sie muß behutsam zubereitet und feinfühlig abgeschmeckt werden, um den feinen Eigengeschmack des Blumenkohls nicht zu stören. Dillblüten sind dafür ein geeignetes Gewürz.

Kurz gesagt: Hat man Blumenkohl zur Hand, ist es niemals schwer, ein Mittagessen zu bereiten. Man muß nur vorsichtig mit ihm umgehen und eine gewisse Ehrfurcht vor ihm haben. Gehört Blumenkohl zu einer Mahlzeit, so läßt man die ganze Mahlzeit aus einfachen, reinen Geschmacksrichtungen bestehen.

Serviervorschläge

- Gekochter Reis, gekochter Blumenkohl, Basilikumsoße, Tomaten-Zwiebel-Salat
- Kräuterbouillon, gekochte Möhren, Blumenkohl und Bohnen mit Petersilie und Zitrone, Butter, frischgebackenes Brot, grüner Salat

Broccoli

Der Broccoli erinnert an Blumenkohl, ist aber in seiner Form nicht so «perfekt» wie dieser. Broccoli hat eine recht kurze Saison. Die Blütenknospen verschwinden leicht während des Kochens, da die Stengelteile eine längere Kochzeit benötigen. Man muß also bei der Zubereitung sehr vorsichtig sein.

Meistens serviert man Broccoli gekocht, manchmal mit anderen Gemüsen zusammen und mit Butter oder einer hellen Soße. Er kann auch Teil eines Eintopfs sein, darf dann aber nicht so lange mitkochen. Überbacken schmeckt Broccoli besonders gut.

Rosenkohl

Der Rosenkohl ist ein sehr delikates Gemüse. Er eignet sich aber nicht so gut für Großküchen, da es viel Zeit erfordert, ihn zu putzen. Gewöhnlich serviert man Rosenkohl gekocht, manchmal zusammen mit anderen Gemüsen und mit Butter oder einer hellen Soße. Er kann auch Teil eines Eintopfs oder einer Suppe sein; überbacken schmeckt er sehr gut.

Kartoffeln

Kartoffeln sind seit ein paar Jahrhunderten ein Grundnahrungsmittel vor allem der Bevölkerung Nordwesteuropas. In unserer Zeit sind sie so üblich geworden, daß viele Menschen sich einen Tag ohne Kartoffeln nicht vorstellen können. Bis zu einem gewissen Grad hat sie in der heutigen Kost den Platz eingenommen, den in früheren Zeiten Brot und Getreide innehatten. In unserer Zeit haben wir aber viele neue Möglichkeiten, Brot und Getreide wieder zu ihrem Recht kommen zu lassen, weshalb die Kartoffel nicht mehr im selben Ausmaß gebraucht wird.

Mit Kartoffeln kann man viele verschiedene Gerichte zubereiten. Persönlich finde ich, daß gekochte Kartoffeln langweilig sind. Ich ziehe gebratene oder gebackene Kartoffeln vor, auch als Pommes frites.

Man kann auch rohe Kartoffeln zusammen mit Zwiebeln reiben, ein Ei hinzufügen und aus dem Teig kleine Kartoffelpuffer backen – herrlich zusammen mit Sauerkraut! Oder man kann Kartoffeln mit etwas Öl bepinseln und als Ganzes backen. Französischer Kartoffelgratin ist ein sehr geschätztes Gericht.

Die Kartoffel eignet sich gut zum Suppekochen. Man läßt sie dabei gerne ganz oder teilweise zerkochen, so daß man eine dicke weiße Suppe erhält, der man viele Kräuter zusetzen kann.

Tomate

Die Tomate gehört zur Familie der Nachtschattengewächse, zu der auch Kartoffel, Paprika und Aubergine zählen. Schon der Name «Nachtschatten» sagt uns, daß in dieser Familie etwas Dunkles vorherrscht, etwas, was mit der Finsternis verwandt ist. In dieser Familie gibt es viele Giftpflanzen. Die Nahrungspflanzen dieser Familie stehen uns noch nicht so lange zur Verfügung, nur einige hundert Jahre – im Gegensatz zu den meisten anderen Nahrungspflanzen, die schon Jahrtausende alt sind.

Die Tomate ist erst in diesem Jahrhundert aufgetaucht. Unsere moderne materialistische Ernährungslehre hat die Tomate aufgrund ihres Reichtums an verschiedenen Vitaminen hoch bewertet. Sie ist ungewöhnlich beliebt geworden. Interessant ist, daß Kleinkinder sich oft weigern, Tomaten zu essen, und sich erst allmählich an den Geschmack und die starken Säuren gewöhnen. Interessant ist auch, daß viele Menschen die Tomate nicht ohne Salz essen mögen.

Die Tomatenpflanzen haben einen charakteristischen Geruch, der typisch ist für die Giftpflanzen in der Familie der Nachtschattengewächse. Auch die glänzende rote Farbe der Tomaten – sie sind fast verführerisch rot – hat, so finde ich, etwas «Giftiges» an sich. Aber sie ist schön anzusehen, und Tomaten können einem Gericht, das sonst etwas langweilig und farblos aussehen würde, Farbe und Glanz geben. Und gerade dazu sollte sie in der Küche verwendet werden: als Zutat im Salat, als Dekoration einer Pizza oder ab und zu als Tomatensalat während des Sommers; nicht zu vergessen als Tomatensoße zu Spaghetti. Die besten Spaghetti, die ich jemals gegessen habe, bekam ich in einem kleinen Restaurant in Florenz: Gekochte Spaghetti mit Olivenöl, dazu abgezogene rohe Tomatenachtel, etwas gepreßten Knoblauch und viel frisch gehacktes Basilikum.

Aubergine

Die Aubergine oder Eierpflanze ist ganz entschieden nicht mein Lieblingsgemüse. Ich finde, sie hat eine schwammige, langweilige Konsistenz und zerfällt leicht bei der Zubereitung. Aber sie ist ja sehr beliebt, und deshalb müssen wir ihr einen Platz in unserer Kost einräumen. Das, was ich über die Tomate gesagt habe, gilt großenteils auch für die Aubergine.

Die Aubergine ist eine wichtige Zutat des Ratatouille – einer französischen Gemüsemischung. Sie ist unentbehrlich für das griechische Gericht Mousaka. Man kann sie auch in Scheiben schneiden, braten und Käse darüber zerlaufen lassen. Auberginen können mit Knoblauch, Basilikum, Petersilie und Muskat abgeschmeckt werden.

Paprika

Grüner, gelber und roter Paprika gehört ebenfalls zur Familie der Nachtschattengewächse. Der grüne ist recht scharf und herb im Geschmack, während der rote und gelbe milder und süßer ist.
Zu einem griechischen Salat mit Schafskäse paßt in Streifen geschnittener Paprika. Paprika macht sich farblich auch gut in einem Weißkohlsalat.
Paprika ist eine feine Zutat für verschiedene Eintopfgerichte. Er trägt dazu bei, dem Gericht ein exotisches Gepräge zu geben. Er ist auch Bestandteil des Ratatouille. Man kann ihn zu verschiedenen Suppen brauchen, zum Beispiel den grünen Paprika in einer Mangoldsuppe.

Fenchel

Fenchel ist ein verhältnismäßig «neues», ungewöhnliches Gemüse in unseren nördlichen Breitengraden. Er gehört wie Möhre, Sellerie oder Petersilienwurzel zur Familie der Doldenblütler.
Die Fenchelknolle besteht aus «angeschwollenen», vergrößerten Blattansätzen. Die Blattansätze haben bei allen Pflanzen in der Familie der Doldenblütler ein typisches Aussehen. Beim Gemüsefenchel ist gerade dieser Teil zu einer «Frucht» ausgewachsen. Der Geschmack des Gemüsefenchels ist fast der gleiche wie der des Gewürzsamens (Lakritze, Anis), aber er ist nicht so stark wie dieser, sondern milder und wäßriger.
Der Fenchel ist ein ausgesprochenes Sommergemüse. Wird er zu spät geerntet, wird er faserig und zäh, aber rechtzeitig geerntet, ist er eine Delikatesse.

Serviervorschläge

- Am einfachsten serviert man ihn gekocht mit kalter Butter.
- Er kann auch roh feingeschnitten im Salat verwendet werden.
- In Eintopfgerichten ist er sehr gut.
- Ein delikates Gericht ist überbackener Fenchel. Den Fenchel leicht kochen, in Auflaufformen legen, mit geriebenem Käse bestreuen und im Ofen überbacken.

Bleichsellerie

Der Bleichsellerie gehört ebenfalls zur Familie der Doldenblütler. Bleichsellerie schmeckt wie Knollensellerie, ist aber viel «bleicher» im Geschmack. Durch ein bestimmtes Verfahren beim Anbau kommen die sprö-
den, bleichen Stiele hervor, die milder und feiner sind als die natürlichen
grünen Stiele und Blätter des gewöhnlichen Selleries.
Bleichsellerie kann auf viele Arten verwendet werden. Wenn man den
Geschmack eines Salats abwandeln, ihn interessanter machen will, kann
feingeschnittener Bleichsellerie günstig sein.
Oft sieht man ihn als Teil einer Käseplatte, besonders im Zusammenhang
mit hellen, milden Käsesorten. Zu Quark paßt er auch sehr gut.
Natürlich kann man ihn auch in Suppen und Eintöpfen verwenden.

Hülsenfrüchte

Die Familie der Hülsenfrüchte, zu der unter anderem Bohnen, Erbsen und
Linsen gehören, hat ganz spezielle Charakterzüge. Vergleicht man sie mit
anderen Pflanzen, sieht man, daß sie beim Wachsen ein ganz anderes
Verhalten zeigen.
Normalerweise bilden Pflanzen ja zuerst Blätter und Stengel, und dann
wird das Wachstum mit der Blüten- und Samenbildung abgeschlossen.
Aber so verhalten sich die Hülsenfrüchte nicht. Sie setzen Blüten an,
wachsen weiter, setzen wieder Blüten an usw. Der Stengel ist meist
schwach und kann die Pflanze nicht tragen. Hülsenfrüchte sind Kletter-
und Schlingpflanzen, die eine Stütze brauchen.
Eine andere Tatsache, durch die sich die Hülsenfrüchte von den anderen
Pflanzen unterscheiden, ist die, daß wir an ihren Wurzeln kleine Kolonien
von stickstoffbindenden Bakterien finden, die in Symbiose mit der Pflanze
leben. Diese Bakterien binden Stickstoff direkt aus der Luft und überführen
ihn in die Pflanze und die Erde. Daher ist der Anbau von Hülsenfrüchten
gleichzeitig eine Stickstoffdüngung für die Erde.
In den Pflanzen finden wir dann – vor allem in den Fruchtteilen – einen für
das Pflanzenreich ungewöhnlich hohen Stickstoff- und Proteingehalt
(wenn eine Pflanze Stickstoff aufnimmt, verwandelt sie ihn in Protein oder
Eiweißstoffe). In gewissen getrockneten Bohnen können bis zu 30% Protein enthalten sein, was einzigartig in dieser Pflanzenfamilie ist. In den
Getreiden, die auch einen recht hohen Proteingehalt haben, finden wir
nur 10 bis 12%.

Bohnen

Der hohe Proteingehalt ist es wohl, der so viele Ernährungsphysiologen dazu veranlaßt hat, die Bohnen als Nahrungsmittel so hoch einzuschätzen, zum Beispiel die Sojabohne, die auch in Europa beliebt geworden ist. Die Sojabohne hat eine Jahrtausende alte Tradition in der östlichen Essenskultur, aber dort hat sie immer eine Form von Milchsäuregärung oder Keimung durchgemacht, bevor sie serviert wird.

Ich glaube, daß man bei Bohnen zurückhaltend sein und nicht zuviel davon anbieten sollte. Sie enthalten ganz einfach zuviel Protein! Der Proteinbedarf des Menschen ist gar nicht so groß. Zuviel Protein führt zu Fäulnisprozessen in Magen und Darm und kann daher krankheitsverursachend wirken. Außerdem zeigt die neuere Forschung, daß zu hoher Proteingenuß mit dazu beitragen kann, Blutgerinnsel, Herzinfarkt und andere Gefäßerkrankungen zu verursachen. Was die Proteinfrage angeht, so handelt es sich dabei viel mehr um eine Qualitäts- als um eine Quantitätsfrage.

Bohnen gibt es in einer Unmenge verschiedener Formen, wir haben Brechbohnen, Wachsbohnen und Schnittbohnen. Die grünen Bohnen sind ein typisches Sommergemüse, das man plötzlich in großen Mengen in der Küche zur Verfügung haben kann, da die Ernte oft groß ist und sie fast gleichzeitig reifen. Der Proteingehalt der frischen, grünen Bohnen ist nicht so hoch wie der von getrockneten. Wir können dieses Gemüse also ruhig genießen.

Aber eine Grundregel will ich einschärfen: Niemals rohe Bohnen servieren! Sie müssen immer gekocht oder zumindest blanchiert sein.

Milchsäuregärung ist eine ideale Konservierungsmethode für Bohnen. Milchgesäuerte Brech- oder Wachsbohnen sind eine Delikatesse, und es ist wunderbar, sie im Winter zur Verfügung zu haben.

Bohnen werden meistens gekocht als Beilage serviert, zum Beispiel zu Getreidegerichten. Gekochte Bohnen und gekochte Möhren in einer Mahlzeit ergänzen einander gut.

Bohnen können auch eine Komponente im Eintopf sein; auch in Tomatensoße serviert, schmecken sie gut.

Blanchierte, abgekühlte Bohnen passen gut als Zutat in einen gemischten Sommersalat, zusammen mit etwas gekochtem Getreide, Tomaten, rohen Zwiebeln und Kräutern. Dazu wird eine Soße aus saurer Sahne gereicht.

Bohnenkraut ist ein wichtiges Gewürz für Bohnen. Auch Senfkörner gehören zu Bohnen, und fast alle Blattgewürze passen gut.

Erbsen und Zuckererbsen

Die gebräuchlichsten Erbsensorten sind Pahlerbsen, bei denen man die Erbsen aus den Hülsen nimmt, und Zuckererbsen, bei denen man die Hülsen mitißt.

Für Erbsen gilt im großen und ganzen das gleiche, was über Bohnen gesagt wurde. Zuckererbsen dagegen haben einen etwas anderen Charakter. Sie sind – kurz gekocht und mit Butter serviert – sehr wohlschmeckend.

Erbsen können gekocht und abgekühlt für gemischte Salate verwendet werden, auch für Eintöpfe sind sie geeignet.

Eine richtig sommerliche Gemüsesuppe besteht aus Zwiebeln, Möhren, Zuckererbsen und einer Kohlsorte. Außerdem gehören Unmengen von gehackter Petersilie dazu.

Bohnenkraut kann man gut ins Erbsenkochwasser geben. Ansonsten passen alle Blattgewürze.

Zucchini und Kürbis

Unter dieser Bezeichnung finden wir viele verschiedene und verschieden geformte Gemüse von kleinen grünen bis zu großen, «aufgedunsenen» gelben. Sie gehören alle zu der speziellen Familie der Rankengewächse, die gewisse gemeinsame Züge mit den Hülsenfrüchten hat, zum Beispiel den mangelhaft tragenden Stengel.

Dagegen sind aber die Früchte bei weitem nicht so proteinhaltig, im Gegenteil: Sie haben einen ganz niedrigen Proteingehalt. Die Früchte sind nicht sehr konzentriert oder reich an Nahrungsstoffen; sie enthalten oft viel Wasser und Luft und bekommen dadurch einen «aufgedunsenen», aber «leichten» Charakter.

Zucchini lassen sich auf verschiedene Weise zubereiten. Sie können einfach in Scheiben geschnitten und gekocht als Gemüse serviert werden. In einem Gericht wie Ratatouille sind sie eine selbstverständliche Zutat.

Zucchini und Kürbis können auch in Scheiben geschnitten, paniert und dann gebraten werden. Man kann sie im Ofen backen oder mit Käse gratinieren. Auch für Suppen sind Zucchini und Kürbis geeignet. Gewürze, die gut passen, sind Dill, Ingwer und Paprika.

Gurke

Die Gurke gehört zur Familie der Rankengewächse. Mit ihrem wäßrigen und milden Geschmack ist sie ein beliebtes Gemüse. Man ißt sie gerne roh.

Aus Gurken kann man viele verschiedene Salate zubereiten. Ein süß-saurer Gurkensalat ist eine gute Beilage zu vielen Gerichten. Gut schmeckt auch ein Gurkensalat mit Joghurt und Knoblauch.

Gurke kann ein Bestandteil von Eintopfgerichten sein, zum Beispiel kann man einen Rote-Bete-Topf mit Gurken kochen. Durch Beigabe von Gurken kann man ein Gericht, das sonst etwas schwer werden würde, leichter machen.

Viele Gewürze passen gut zur Gurke: Dill, Petersilie, Basilikum, Estragon und Knoblauch.

Grüner Salat

Die grünen Salatblätter sind eine wichtige Komponente in der modernen Speiseplangestaltung. Je länger man sich mit vegetarischer Kost beschäftigt, desto mehr merkt man, wie wichtig der grüne Anteil an einer Mahlzeit sowohl vom ernährungsmäßigen Gesichtspunkt her als auch in Hinsicht auf den Geschmack und das Aussehen ist.

Es gibt viele verschiedene Salatsorten: Kopfsalat, Eisbergsalat, Chicorée usw. Einige Sorten haben die Tendenz, bitter zu schmecken. Vor dem Bitteren sollten wir aber nicht zurückschrecken, ein kleiner bitterer Einschlag im Essen ist gesund und wohltuend für die Leber.

Alle grünen Salate werden roh serviert. Salatblätter werden niemals gekocht, dazu sind sie viel zu zart.

Bei der Salatzubereitung sollte man immer behutsam vorgehen, um die zarten Blätter nicht zu zerstören. Der Salat wird vorsichtig gewaschen. Einen grünen Salat läßt man nicht lange in einer Soße «ziehen». Die Soße serviert man extra oder gießt sie kurz vor dem Servieren über den Salat.

Grüner Salat paßt zu allen Gerichten. Welche Gewürze man zur Soße nimmt, kommt darauf an, womit man die übrigen Speisen gewürzt hat.

Chinakohl

Der Chinakohl gehört nicht zur «Salatfamilie», sondern, wie der Name schon sagt, zur Kohlfamilie. Aber wir verwenden ihn oft als Salat. Er ist mild, saftig und süßlich im Geschmack. Er steht uns fast den ganzen Herbst und Winter über zur Verfügung – im Gegensatz zum grünen Salat, den wir nur im Frühling und Sommer haben.

Die Soße für den Chinakohl muß «interessant» sein, säuerlich und gern etwas stark im Geschmack. Man kann eine Öl-Zitronen-Soße mit Senf machen. Schwedenmilch- (oder Sauerrahm-)soßen passen auch gut. Manchmal mache ich zwei Soßen zum Chinakohl: Ich gieße eine Öl-Zitronensoße darüber und serviere dazu eine Sauerrahmsoße.

Chinakohl ist eine gute Basis für gemischte Salate. Er hat einen so neutralen Geschmack, daß er sich mit fast allem mischen läßt: Gurke, Paprika, Tomate, Zwiebel, Olive, Möhre usw. Grapefruit- oder Apfelsinenstücke in einem Chinakohlsalat schmecken auch sehr gut.

Milchsaures Gemüse

Die Milchsäuregärung ist eine uralte Methode zum Haltbarmachen von Gemüse. In fast allen Kulturen findet man Spuren oder bewahrte Traditionen dieser Konservierungsart. In unserer Zeit, in der man tiefgefriert und in Essig einlegt, ist die Milchsäurekonservierung fast in Vergessenheit geraten.

Annelies Schöneck hat viel Arbeit darauf verwendet, diese Konservierungsmethode neu aufzugreifen und als eine zeitgemäße und vernünftige Art der Haltbarmachung zu verbreiten.

Milchsaures Gemüse: Sauerkraut, milchsaure Möhren, milchsaure Gurken und Sauerkraut-Apfelsalat.

In ihrem Buch «Sauer macht lustig - Milchsäuregärung, Rohkost für das ganze Jahr», berichtet Annelies Schöneck über den ernährungsmäßigen Wert und die Bedeutung milchsaurer Gemüse. Vor allem aber gibt das Buch eine Beschreibung, wie man selbst Gemüse milchsauer einlegen kann. Deshalb soll hier über die Methode nicht berichtet werden, sondern es soll nur gesagt werden, daß es auch in einer Großküche durchaus möglich und lohnend ist, Gemüse in großen Mengen milchsauer einzulegen.

Hat man sich einmal mit dem feinen Geschmack milchsaurer Gemüse bekannt gemacht und entdeckt, wie nützlich sie innerhalb eines Menüs sein können, dann sieht man ein, daß sie ein unumgänglicher Teil der modernen Kost sind.

Sauerkraut ist das wichtigste und bekannteste unserer milchsauren Produkte. Ein anderes, recht übliches Produkt sind milchsaure Möhren, ein drittes milchsaure Bohnen – gerade für Bohnen halte ich die Milchsäuregärung für die absolut ideale Konservierungsmethode. Außerdem kann man verschiedene milchgesäuerte Gemüsemischungen – eine Art Pickles – kaufen oder selbst einlegen. Viele dieser Mischungen sind sehr delikat.

Wenn man Sauerkraut oder andere milchsaure Produkte serviert, dann nicht in großen Mengen, man reicht ja auch nicht große Mengen Essiggurken zu einer Mahlzeit. Diese sauren Komponenten werden als Beilage zu einem Gericht gegessen, oder sie dienen dazu, das Geschmackserlebnis zu nuancieren oder zu erhöhen. Milchsaure Produkte wirken anregend auf die Stoffwechselfunktionen und erleichtern die Umsetzung «schwerer» Gerichte, zum Beispiel gewisser Getreidearten.

Beim Anrichten von Sauerkraut oder anderen milchsauren Gemüsen mischt man sie mit etwas Öl, Sahne oder Schwedenmilch, so daß die Zunge nicht zu direkt mit der Säure konfrontiert wird – man macht das Sauerkraut dadurch «sympathischer». Man kann Sauerkraut auch mit geriebenen Äpfeln und Sahne mischen, das mildert und verfeinert den Geschmack. Sauerkraut kann mit anderen geraspelten Gemüsen – Möhren, rote Bete oder frischem Weißkohl – gemischt werden. Sauerkraut läßt sich als Teil einer Salatmischung aus gekochtem Getreide und gekochtem oder roh geraffeltem Gemüse verwenden.

Milchsaure Möhren können auf die gleiche Art zubereitet werden wie Sauerkraut.

Milchsaure Bohnen schneidet man in kleine Stücke und nimmt sie zu einem gemischten Salat, zum Beispiel zusammen mit gekochtem Getreide. Man kann sie auch auf eine Pizza legen oder mit in einen Eintopf geben.

Milchsaures Mischgemüse wird man meist als «Pickles» zum Hauptgericht servieren. Am besten sind sie, wenn man beim Anrichten etwas Öl über sie träufelt.

Sauerkraut und anderes milchsaures Gemüse sollte immer in Gläsern im Kühlschrank oder Kühlraum (unter 10°) aufbewahrt werden. Man darf die Gläser gerne öffnen und Gemüse entnehmen, sollte aber vor dem Schließen darauf achten, daß das Gemüse mit milchsaurem Saft bedeckt ist. Sauerkraut wird einfach wieder zusammengepreßt, wenn man etwas aus dem Glas genommen hat. Mit einem sauberen Tuch kann man eventuelle Kahmhefebildungen an den Seiten der Gläser und am Deckel abwischen. Milchsaures Gemüse, das man aus dem Glas genommen hat und das auf dem Tisch stand, darf man nicht zurück ins Glas legen. Es muß separat und verschlossen aufbewahrt und innerhalb von 3 Tagen aufgegessen werden. Sauerkrautsaft oder der Saft anderer milchsaurer Gemüse kann beim Kochen anstelle von Essig verwendet werden, zum Beispiel in Soßen, Suppen und Eintopfgerichten. Er kann auch als Getränk serviert werden, als kleiner «Aperitif» vor dem Essen. Milchsaurer Saft ist sehr nützlich und hat einen günstigen Einfluß auf die Gesundheit von Magen und Darm.

Obstsalat und Hirsesalat mit Bananen und Trauben (Rezept S. 212).

Früchte und Beeren

Ich halte es für wichtig, daß eine Mahlzeit durch einen Nachtisch abge-
rundet wird. Hier haben Früchte und Beeren ihren idealen Platz in der
Speiseplangestaltung. Ein Nachtisch kann aus frischen oder zubereiteten
Früchten bestehen, oder diese können Bestandteil oder Zubehör eines
Nachtisches sein.

Frische Früchte sind, ernährungsmäßig gesehen, ein wichtiger Beitrag.
Beeren und Früchte enthalten nicht nur viele Vitamine und Mineralstoffe,
sondern auch vollwertige Eiweißstoffe in kleinen Mengen. Früchte und
Beeren müssen daher als Grundnahrungsmittel angesehen werden.

Im folgenden werden verschiedene Früchte und Beeren beschrieben. Ich
habe diejenigen ausgewählt, die meiner Meinung nach die wichtigsten
oder die am vielfältigsten zu verwertenden sind. Es handelt sich um Äpfel,
verschiedene Beeren (Johannisbeeren, Himbeeren, Erdbeeren, Blaubeeren und Preiselbeeren), Zitrusfrüchte und Trockenfrüchte.

Äpfel

Der Apfel ist vielleicht die wichtigste Frucht großer Teile der Erde. Seine
Geschichte ist uralt. Der Apfel spielt schon im einleitenden Kapitel des
Alten Testamentes, in der Geschichte von Adam und Eva, eine Rolle. Es
gibt viele verschiedene Sorten unter den Sommer-, Herbst- und Winter-
äpfeln.

Die Sommeräpfel – Augustäpfel, Transparente Blanche – sind gewöhnlich
süß und leicht im Geschmack und im Aroma. Sie haben nur eine kurze
Haltbarkeit. Diese Äpfel werden frisch gegessen, und die meisten Sorten
passen nicht besonders gut für irgendwelche Zubereitungen.

Unter den Herbstäpfeln – Gravensteiner, Glocken, James Grieve – finden
wir zwei Arten, teils solche, die frisch gegessen werden können, und teils
solche, die sich gut für die Zubereitung in der Küche eignen. Viele Herbstäpfel brauchen eine Lagerungszeit von 1 bis 2 Monaten, um richtig reif zu
werden. Die meisten Herbstäpfel halten sich bis Dezember/Januar.

Winteräpfel – Cox Orange, Boskop, Ingrid-Marie, Golden Delicious – sind nicht ausgereift, wenn sie geerntet werden. Sie reifen in den Monaten Januar bis April. Hier handelt es sich um kräftige, feste, teils süße, teils säuerliche Äpfel, die sich sehr gut für die Verarbeitung in der Küche eignen. Man sollte Äpfel von bester Qualität mit festem Fruchtfleisch wählen, da sie beim Kochen nicht so leicht zerfallen.

Man kann aus Äpfeln viele verschiedene Gerichte, vor allem Nachtisch, zubereiten. Es gibt sehr viele Rezepte für Apfelkuchen. Man kann Äpfel als Ganzes backen mit einer Füllung anstelle des Kerngehäuses und sie mit Vanillesoße, Schlagsahne oder Eis servieren.

Man kann Apfelpie oder Apfelkompott aus ihnen machen und mit Milch oder Schlagsahne reichen. Aus Apfelkompott wird «Dänischer Apfelkuchen» gemacht. Außerdem kann man Äpfel gut mit anderen Früchten mischen (zum Beispiel mit Trockenfrüchten) zu einem Fruchtkompott, oder man serviert Apfelsuppe als Nachtisch. Äpfel sind eine der Hauptzutaten im Obstsalat.

Wenn man aus Äpfeln Nachtische zubereitet, sind drei verschiedene Gewürze und Geschmacksrichtungen wichtig: Vanille, Zimt, Zitronenschale. Aber auch Ingwer und Muskatblüte können bei gewissen Gerichten Anwendung finden.

Im Hauptgericht können Äpfel zusammen mit Gemüse gereicht werden. In viele Eintöpfe, besonders mit roter Bete und Kohl, passen Äpfel gut. Sie geben einen süßsäuerlichen Geschmack und machen das Gericht leichter. Äpfel und Zwiebeln passen in verschiedenen Zusammenhängen auch gut zueinander.

Äpfel in einer Currysoße geben dieser einen sehr feinen Geschmack. Äpfel mische ich gerne in Rohkostsalate, vor allem in Rote-Bete-Rohkost, Möhrenrohkost und Sauerkrautsalat.

Rote und schwarze Johannisbeeren

Johannisbeeren sind recht sauer, und viele Menschen essen sie daher nicht gerne frisch. Aber es sind sehr nützliche Beeren, reich an Vitaminen und anderen Nährstoffen. Hat man im Sommer genügend Zeit, sollte man reichlich davon kaufen – zum Einkochen und Einfrieren. Das ist im Winter von großem Nutzen. Vor allem schwarze Johannisbeeren eignen sich gut zum Einkochen und dann als Zubehör zu Quark und Eis und beim Frühstück zum Brei oder Müsli.

Erdbeeren

Während der Erdbeerzeit sollte man auch in einer Großküche ab und zu frische Erdbeeren mit Milch, Eis, Joghurt oder Quark anbieten.

Hat man Erdbeeren von etwas minderer Qualität oder gerade größere Mengen davon zur Verfügung, kann man Erdbeercreme davon kochen – auf Dänisch heißt sie «jordbärgröd» und ist eine Variante des dänischen Nationalgerichts «rödgröd» (Rote Grütze), die aus einer Fruchtmischung besteht, in der die roten Beeren (Erdbeeren, Kirschen, Himbeeren, Johannisbeeren) die Hauptzutaten ausmachen. Rhabarber, Stachelbeeren und Pflaumen können auch mit verwendet werden. Man komponiert diese «Grütze» einfach aus den Beeren, die man zur Verfügung hat. «Rödgröd» wird kalt mit Milch serviert. Im Winter kocht man «rödgröd» aus Saft und eingemachten oder eingefrorenen Beeren.

Himbeeren

Himbeeren sind vielgeliebte, kostbare Beeren. Daher werden sie in der Großküche nicht in größeren Mengen verarbeitet. Meist verwendet man sie für Kuchen und für besonders festliche Nachtische.

Es ist herrlich, im Sommer frische Himbeeren zu Eis, Quark oder Joghurt servieren zu können. Himbeeren eignen sich sehr gut zum Einkochen und Einfrieren.

Blau- oder Heidelbeeren

Blaubeeren gehören zu den wertvollsten Beeren, die wir in freier Natur pflücken können. Blaubeeren werden frisch mit Milch serviert, als Blaubeersuppe oder roh gerührt (eventuell gemischt mit Himbeeren) zu Eis, Quark usw. Man kann auch Blaubeerpie oder andere Gebäcke mit Blaubeeren machen. «Drottningssylt» (Königinnenkompott) wird aus Blaubeeren und Himbeeren zubereitet und ist meiner Meinung nach eines der feinsten Kompotte.

Preiselbeeren

Preiselbeeren sind herrlich kraftvoll schmeckende Beeren. Sie haben viele gute medizinische Eigenschaften, die die alte Volksmedizin kannte, die aber von der modernen Medizin noch nicht wieder voll entdeckt worden sind.

Als Nahrungspflanze ist die Preiselbeere phantastisch. In Schweden spielt Preiselbeerkompott eine große Rolle, sowohl als Zubehör zu vielen Fleischgerichten als auch für verschiedene Nachtische. Preiselbeerkompott kann man auch zu vielen vegetarischen Gerichten servieren und zu verschiedenen Getreide- und Gemüsebratlingen. Auch zu Kartoffelpuffern paßt es gut.

Preiselbeerkompott paßt zu Pfannkuchen und zu Eis. Es schmeckt zu Brei, Sauermilch oder Müsli.

Preiselbeerkompott läßt sich ausgezeichnet mit Apfelmus mischen, dadurch wird der Geschmack milder.

Zitrusfrüchte

Mit Zitrusfrüchten meine ich in erster Linie Zitronen, Apfelsinen, Grapefruit, Clementinen und Mandarinen. Es gibt eine ganze Reihe anderer Varianten in dieser Familie, sie sind bei uns aber nicht so üblich.

Zitrusfrüchte fühlen sich in warmem Klima mit langem Sommer wohl. Im Frühling blühen Apfelsinen- und Zitronenbäume, und während eines ganzen Sommers reifen die Früchte langsam. Die ersten werden gewöhnlich im Dezember reif, und dann folgt die richtige Ernte im Januar, Februar und März. Manchmal kann man einen Baum sehen, der voll ausgereifte Früchte und gleichzeitig Blüten trägt. Die Früchte brauchen also ein ganzes Jahr, um zu reifen. Während dieser langen Entwicklungs- und Reifezeit, die unter intensiver Sonneneinwirkung vor sich geht, bilden sich Früchte, die sehr reich an Aroma, Geschmacksstoffen und wichtigen Vitaminen sind.

Zitrusfrüchte sind wie ein Abbild der Sonne. Ihre «reine» Sonnenkraft brauchen wir während des Winters. Durch die Zitrusfrüchte bereichern wir unsere Nahrung mit einer Frische, die uns an die blühenden Pflanzen des Sommers erinnert.

Die Zitrone spielt vor allen anderen Zitrusfrüchten eine wichtige medizinische Rolle. Ich glaube, daß diese Seite der Zitrusfrüchte während der nächsten Jahre mehr und mehr geschätzt werden wird.

In der Küche gibt es für Zitronen vielfältige Anwendungsmöglichkeiten. Wenn wir Zitronen von biologisch-dynamischer oder zumindest ungespritzter Qualität bekommen, können wir die Schale ruhig mitverwenden. Gerade die Schale gibt vielen Gerichten und besonders Nachtischen einen herrlichen Geschmack. Fruchtquark, Obstsalate, Obstsuppen, Puddinge und Gerichte aus Äpfeln können mit Zitronenschale abgeschmeckt werden. Sie paßt gut zusammen mit Zimt oder Vanille.

Aber auch gewisse salzige Gerichte können mit Zitronenschale gewürzt werden, zum Beispiel Käsesoße, bei der man Zitronenschale und Muskatnuß kombiniert.

Zitronensaft kann fast allem zugesetzt werden. Beim Abschmecken vieler Gerichte merkt man oft, daß das, was fehlt, gerade ein paar Tropfen Zitronensaft sind. Das gilt nicht nur für Salatsoßen, sondern überhaupt für Soßen, für Suppen und viele Nachtische. Zitronen sind in der Küche unentbehrlich!

Apfelsinen haben einen ganz anderen Charakter als die sehr sauren Zitronen. Apfelsinen sind meist ziemlich süß und eignen sich deshalb am besten für Nachtische.

Apfelsinen können als frische Früchte nach einer größeren Hauptmahlzeit oder in einem Obstsalat serviert werden. Auch einer Obstsuppe kann man Apfelsinensaft zufügen.

Abgeriebene Apfelsinenschale gibt vielen Gerichten eine interessante Geschmacksrichtung, vor allem Obstsuppen, Kompotten, Fruchtquark, Obstsalaten und Puddingen.

Trockenfrüchte

Trockenfrüchte werden gewöhnlich importiert. Es handelt sich dabei vor allem um Aprikosen, Pflaumen, Feigen, Datteln, Rosinen und Hagebutten. Sie geben uns gute Möglichkeiten, verschiedenste Nachtischvariationen zu erfinden. Trockenfrüchte sind auch recht ökonomisch in der Verwendung – verglichen mit teuer importierten frischen Früchten.

Am besten ist es, wenn man sich ungeschwefelte Früchte in biologischer oder organischer Qualität beschafft. Allmählich wird das hoffentlich mehr und mehr möglich sein.

Trockenfrüchte wie Aprikosen und Pflaumen werden vor allem für Kompotte und Fruchtsuppen verwendet. Man kann sie auch für verschiedene Gebäcke und Kuchen benutzen.

Aus Feigen kocht man vor allem Suppe. Rosinen werden zum Backen und gerne im Zusammenhang mit Äpfeln verwendet, außerdem in gemischten Kompotten und Fruchtsuppen.

Wenn man Gerichte aus Pflaumen oder Feigen macht, sollte man etwas Anis hinzufügen. Vanille, Zimt, Ingwer und Pomeranze sowie abgeriebene Zitronen- oder Apfelsinenschale geben den meisten Nachtischen aus Trockenfrüchten einen ausgezeichneten Geschmack.

Hagebutten

Den Hagebutten sollten wir besondere Aufmerksamkeit schenken. Hagebuttensuppe schmeckt sehr gut und ist gleichzeitig nützlich. Es ist ohne große Schwierigkeiten möglich, eine gute Hagebuttensuppe selbst herzustellen, wie es im Rezeptteil dieses Buches beschrieben wird.

Milchprodukte und Fette

In vielen meiner Rezepte verwende ich Milchprodukte, also Butter, Käse, Sahne, Schwedenmilch (alternativ saure Sahne), Joghurt und Quark. Süße Milch kommt dagegen nur in einigen wenigen Rezepten vor.

In einigen Rezepten kann der Quark durch eine Mischung aus Käse und Schwedenmilch ersetzt werden; das gilt bei Rezepten für Aufläufe aus Getreide, Getreide- und Gemüsebratlinge und andere Gemüsegerichte, in denen Quark vorkommt.

Quark kann man auch selbst herstellen. Von 1 l Milch bekommt man etwa 200g Quark, und außerdem fällt bei der Quarkherstellung Molke an, die zum Brotbacken, für Suppen, Soßen oder Getränke zu verwenden ist.

Fett beim Kochen

Ich selber verwende gerne Butter und Sahne in maßvoller Menge, auch Olivenöl und Sonnenblumenöl. In den letzten Jahren ist viel über den Zusammenhang zwischen Fetten und verschiedenen Krankheiten, besonders Herz- und Kreislaufkrankheiten, geforscht worden. Zu fettreiche Kost wird als schädlich angesehen und kann zu erhöhtem Cholesteringehalt im Blut führen, was seinerseits wieder Folgekrankheiten nach sich zieht.

Bei der Bewertung von Fetten unterscheidet man zwischen gesättigten und ungesättigten Fetten. In tierischen Produkten, ausgenommen Fisch, und in Milch und Milchprodukten finden wir hauptsächlich gesättigte Fette. In Pflanzenölen dagegen besteht ein Übergewicht an ungesättigten Fetten, die im Gegensatz zu gesättigten einen positiven Einfluß auf den Cholesteringehalt des Blutes haben. Viele heutige Ernährungsberater sind aus diesem Grunde der Butter gegenüber kritisch geworden.

Eine Schwäche der modernen Forschung liegt meiner Meinung nach darin, daß man die Dinge nicht in ihrem Zusammenhang sieht. Man isoliert die einzelnen Phänomene, analysiert sie und verliert dabei die Ganzheitsperspektive. Man muß die Fette im Zusammenhang mit den Kohlehydraten (Zucker, Stärke, Faserstoffe) bewerten. Es ist eine alte Erkenntnis der Ernährungsforschung, daß die Fette zusammen mit den Kohlehydraten verdaut werden (das Fett verbrennt im Feuer der Kohlehydrate). Mischt man Butter mit Zucker oder raffiniertem weißem Mehl, bekommt man ganz sicher keine nutzbringende Kombination. Ißt man eine Kost, die viel Butter, Zucker, weißes Mehl und außerdem einen großen Anteil tierischer Produkte enthält, bekommt man eine fettreiche Kost, die gleichzeitig ballaststoffarm ist und wenig «schwerere» Kohlenhydrate enthält, und das ist natürlich auch nicht besonders günstig.

Ißt man dagegen eine Kost, die auf ballastreichen Produkten (Gemüse, Vollkornprodukten) aufgebaut ist bei mäßigem Butter- und Fettverbrauch, so besteht keine Gefahr. Ich glaube, daß eine solche Kost heilsam ist.

Alle Gerichte dieses Buches haben einen hohen Ballaststoffgehalt (ganzes Korn, Vollkornprodukte, Kohl, Kartoffeln, Möhren, rote Bete usw.), und die Buttermengen sind mäßig. Zum Braten nehme ich meist zur Hälfte Butter und zur Hälfte Olivenöl. Das mache ich hauptsächlich aus Geschmacksgründen.

Olivenöl und Maisöl sind die einzigen Pflanzenöle, die sich zum Braten eignen. Andere Öle wie kaltgepreßtes Sonnenblumen- oder Distelöl haben einen hohen Gehalt an ungesättigten Fettsäuren. Diese werden jedoch beim Erwärmen zerstört, bei sehr hohen Temperaturen können sogar sehr giftige Stoffe gebildet werden. Das ist bei Oliven- und Maisöl nicht der Fall. In Olivenöl kann man ruhig braten. Es sollte übrigens kaltgepreßt sein.

Wenn man aus Diätgründen die Fettmenge zu reduzieren wünscht, läßt sich das mit den Rezepten dieses Buches leicht machen. Die Butter kann übrigens immer gegen Olivenöl ausgetauscht werden.

Aber wie schon früher gesagt wurde, so sollte man niemals, was das Essen betrifft, fanatisch sein. Gerichte sollen gut schmecken, und Butter und Sahne sind nun einmal Zutaten, die es leichter machen, wohlschmeckende Gerichte zu kochen.

Die Gewürze und die Kunst des Würzens

Das Würzen und Abschmecken ist A und O der Kochkunst. Das Abschmecken der verschiedenen Gerichte ist eine lebendige, künstlerische Tätigkeit.

Die Kunst des Würzens kann kaum in Formeln und Rezepten festgelegt werden. Der Koch muß mit seinem Geschmacks- und seinem Sehsinn engagiert sein und diese jederzeit üben und entwickeln. Er muß mit den Gewürzen so vertraut werden, daß er schon beim Gedanken an ein Gewürz sich dessen Geschmack und Duft vorstellen kann. Auf diese Weise lernt er, Gerichte wirklich abzuschmecken – zu schmecken, welche Gewürze in welcher Menge zugesetzt werden sollten.

Beim Abschmecken und Würzen eines Gerichts sollte man dieses immer mehrere Male probieren. Man würzt leicht, läßt das Gericht etwas ziehen, probiert wieder und würzt eventuell mehr oder fügt noch ein anderes Gewürz hinzu. Auf diese Weise läßt man unter mehrmaligem Abschmecken das fertige Gericht langsam hervortreten. Das Würzen muß ein lebendiger Umgang mit den Speisen sein.

Deshalb finde ich es schwierig, Gewürzmengen anzugeben. Außerdem gibt es so viele andere Faktoren, die eine Wirkung darauf haben, wieviel man von einem Gewürz braucht. Das kann von der «Stärke» des Gewürzes abhängen (ob das Gewürz frisch oder alt ist, wie es angebaut wurde usw.). Man muß auch Rücksicht darauf nehmen, welche Gewürze und Geschmacksrichtungen in den anderen Bestandteilen der Mahlzeit vorkommen.

Außerdem muß man beim Abschmecken der Speisen Rücksicht nehmen und sich beeinflussen lassen von der Jahreszeit und den Wetterverhältnissen.

Während der kalten Jahreszeit will man die Speisen vielleicht gerne so würzen, daß sie füllig und warm im Geschmack werden, zum Beispiel dadurch, daß man scharfe, exotische Gewürze verwendet, während man im Sommer beim Würzen dadurch «leichter» sein kann, daß man hauptsächlich frische Blattkräuter verwendet. Man muß auch darauf Rücksicht nehmen, welche Menschen – Kinder oder Erwachsene – verpflegt werden sollen.

Ich habe versucht, für die Gewürze Mengen anzugeben, aber diese sollten mehr als Richtlinien denn als exakte Mengenangaben verstanden werden.

Als Grundregel gilt, daß der Koch immer selbst mit seinem Geruchs- und Geschmackssinn abwägen muß, wieviel er von den einzelnen Gewürzen hinzufügen will. Auch wenn das Abschmecken vieler meiner Rezepte kompliziert erscheinen mag, sollte man sich davon nicht beirren lassen; auch hierbei macht Übung den Meister.

Ein Koch, der mit diesen Rezepten anfängt zu arbeiten, kann das Würzen vereinfachen, es weiterführen, kann ein Gewürz weglassen oder ein anderes hinzufügen und dadurch vielleicht zu etwas Neuem, Eigenem kommen.

Die Rezepte dieses Buches verlangen, daß die ganze «Palette» der Gewürze zur Verfügung steht:

Basilikum, Thymian, Majoran, Minze, Zitronenmelisse, Oregano (Lippenblütler)
Petersilie, Dill, Kümmel, Anis, Fenchel, Koriander, Kerbel (Doldenblütler)
Senf (schwarzer und gelber), Meerrettich (Kreuzblütler)
Estragon (Korbblütler)
Knoblauch, Schnittlauch (Zwiebelgewächse)
Zimt, Muskat (Nuß und Blüte), Pfeffer, Nelke, Paprika,
Cayenne, verschiedene Currymischungen («exotische» Gewürze).

Frische Kräuter

Ich möchte betonen, wie wertvoll es für den Koch und das Küchenpersonal ist, vor oder während des Kochens durch den Kräutergarten zu gehen, um die benötigten Kräuter zu sammeln und gleichzeitig die Natur und den Kreis der Jahreszeiten zu erleben. Das gibt Kraft und Inspiration für die Arbeit in der Küche.

Viele Institutions- und Kantinenküchen haben natürlich keinen Zugang zu einem Kräutergarten, und man ist daher auf getrocknete Kräuter angewiesen. In letzter Zeit ist es aber mehr und mehr üblich geworden, daß Gärtnereien und Gemüsegroßhändler auch frische Gewürzkräuter führen, so daß man diese zumindest während der Sommersaison bekommen kann. Wenn man getrocknete Kräuter verwendet, sollte man auf vieles aufmerksam sein. Beim Einkauf muß man die Qualität kontrollieren. Getrocknete Blattgewürze verlieren an Geschmack und Aroma, wenn sie zu lange auf den Regalen des Großhändlers oder der Küche stehen. Im Prinzip sollten die Kräuter von der letzten Ernte sein, auf jeden Fall nicht älter als zwei Jahre. Am besten kauft man die Gewürze beim Fachhändler.

Frische Kräuter verwendet man nicht genauso wie getrocknete. Frische grüne Kräuter läßt man höchstens 5 bis 20 Minuten mitziehen, aber niemals mitkochen.

Getrocknete Blattgewürze müssen länger ziehen (15 bis 30 Minuten). Man kann sie kurze Zeit mitkochen, aber nicht zu lange. Man kann sie auch gut nach und nach hinzufügen.

Harte Gewürze (ganzer Kümmel, Fenchel, Anis, Senf, Lorbeerblatt, Zimtstangen usw.) kann man längere Zeit mitkochen, um den Geschmack besser hervortreten zu lassen. Man achte aber immer darauf, daß während des Kochens kein unerwünschter Beigeschmack auftritt. Wenn man Lorbeer und Wacholder zu lange kocht, entsteht ein bitterer Geschmack.

Salz

Das Salzen der Speisen ist eine sehr umstrittene Sache. Kochsalz in größeren Mengen wird als schädlich angesehen. Aber kleine Mengen Salz müssen fast allen Gerichten – auch den süßen – zugesetzt werden. Salz trägt dazu bei, den Eigengeschmack der Speisen hervortreten zu lassen. Es kann verschiedene Geschmacksstoffe in den Speisen verstärken und harmonisieren. Auch die den Speisen hinzugefügten Gewürze brauchen das Salz, um sich mit den übrigen Geschmacks- und Aromastoffen des Gerichtes zu verbinden.

Im Handel finden wir verschiedene Salzsorten. Viele davon sind stark raffiniert oder auch chemisch «aufgewertet». Ich ziehe ein natürliches Salz vor, zum Beispiel Meersalz aus dem Atlantik oder Steinsalz. Es gibt auch verschiedene Arten von Kräutersalz. Es eignet sich gut als ein Salz, das man auf den Tisch stellt, es kann aber auch zum Kochen verwendet werden. Grundsätzlich sollte man zurückhaltend und vorsichtig bei der Verwendung von Salz sein.

Wie salzig man das Essen mag, ist letztlich sehr unterschiedlich. Daher stelle man immer Salz auf den Tisch.

Zucker

In vielen meiner Rezepte verwende ich ein wenig Zucker oder einige Zuckerwürfel. Mit «Zucker» meine ich den üblichen weißen Zucker oder

*Obere Reihe von links: Salbei, Thymian, Majoran, Estragon, Borretsch, Kerbel.
Untere Reihe von links: Zitronenmelisse, Pfefferminze, Ysop, Schnittlauch,
Basilikum, Petersilie, Liebstöckel und darunter Dill.*

Rohrzucker. Vom weißen Zucker wird gesagt, daß er die Ursache für eine lange Reihe sogenannter «Zivilisationskrankheiten» ist. Probleme durch den weißen Zucker entstehen, weil wir ihn isoliert in Form von Süßigkeiten oder zusammen mit anderen vitamin- und mineralstoffarmen Stoffen essen, mit raffiniertem weißem Mehl und raffiniertem Fett. Das ist schädlich für den Körper, weil Vitamine und Mineralstoffe, die der Körper braucht, um den Zucker auf richtige Weise umzusetzen, «gestohlen» werden. In seinem natürlichen Zusammenhang als Rübensirup (aus Zuckerrüben), Rohrzucker, Honig oder in Trockenfrüchten (Rosinen, Feigen) kommt Zucker zusammen mit Mineralstoffen und Vitaminen vor, was dazu beiträgt, ihn auf natürliche und heilsame Weise umzusetzen.

Aber müssen wir ganz auf den weißen Zucker verzichten? Meiner Meinung nach ist es sehr schwierig, ganz ohne ihn auszukommen. Anstatt für ein totales Verbot, setze ich mich für eine starke Herabsetzung des Zuckerverbrauchs ein. Verwende so wenig wie möglich, und verwende ihn mit Vernunft!

Beim Kochen hat der Zucker vor allem gegenüber Honig und Rübensirup den Vorteil, daß er außer der Süße keinen eigenen Geschmack hat, was ihn zur Verbindung mit anderen Geschmacksstoffen geeignet sein läßt. Ich verwende entweder Rohrzucker oder weißen Zucker. In vielen Nachspeisen verwende ich halb Zucker, halb Honig.

Suppen, Soßen und Salatsoßen setze ich oft einige Zuckerstücke zu – das ist ein alter Trick, den ich von mehreren tüchtigen Köchen gelernt habe. Oft sind es diese wenigen Zuckerstücke – zum Schluß hinzugefügt, die der Soße den Pfiff geben!

Kochen für viele Menschen

Es ist immer schwierig, die richtige Menge für viele Menschen zu kochen. Manche finden es gut, zuviel zu kochen – dann hat das Essen gereicht! Bleibt aber zuviel übrig, kann man das Gefühl bekommen, daß es nicht gut geschmeckt hat! Es ist wichtig zu lernen, die richtige Menge zu kochen. Das erfordert viel Erfahrung und Wissen.

Die Erfahrung hat mich gelehrt, daß es in den meisten Fällen besser ist, die Menge einer Zutat in Rauminhalt (Liter) anzugeben als in Gewichtseinheit (kg). Es kann sehr umständlich sein, in einer Großküche alles abzuwiegen. Es ist viel einfacher, das Litermaß zu schwingen! Große Mengen kann man recht exakt mit Hilfe des Litermaßes angeben. Geht es um geringere Mengen, wird das Litermaß ungenau; das Gewicht von 1 l geriebener Äpfel oder von 1 l in Würfel geschnittener Möhren kann stark variieren. Es kommt darauf an, wie man sie geschnitten hat! Deshalb habe ich die kleineren Mengen in den Rezepten mit Gewicht angegeben.

Eine gute Art, schnell und effektiv die richtige Menge in einer Großküche herauszufinden, ist es, sich mit der Größe (Rauminhalt) seiner Töpfe, Schüsseln und Gefäße vertraut zu machen. Dann weiß man sofort: Ist dieses Gefäß voll, habe ich soundso viel. Durch Erüben des Blickes für Mengen kann man zeitraubende Maß- und Gewichtsarbeit sparen.

Tabelle
über Rauminhalt und Gewicht

	10 l	1 l	1 dl	1 EL	100g	1 kg
		(1000 ccm)	(100 ccm)			
Weizenmehl	6,5 kg	650 g	65 g	10 g	1,5 dl	1,5 l
Grahammehl	5,5 kg	550 g	55 g	8 g	1,8 dl	1,8 l
Weizen, ganzes Korn	8,0 kg	800 g	80 g		1,25dl	1,25 l
Vollreis	8,0 kg	800 g	80 g		1,25 dl	1,25l
Hirse	8,25 kg	825 g	82 g		1,2 dl	1,2 l
Gerste, ganzes Korn	8,0 kg	800 g	80 g		1,25dl	1,25 l
Roggen, ganzes Korn	8,0 kg	800 g	80 g		1,25dl	1,25 l
Hafer, ganzes Korn	7,75kg	775 g	77 g		1,3 dl	1,3 l
Haferflocken	4,0kg	400 g	40 g	7 g	2,5 dl	2,5 l
Weizengrieß	7,0 kg	700 g	70 g	10 g	1,43 dl	1,43 l
Linsen	8,0 kg	800 g	80 g		1,25dl	1,25l
Erbsen, getrocknet	9,5 kg	950 g	95 g		1,05 dl	1,05l
Zucker, Rohrzucker		850 g	85 g	12 g		
Kartoffelstärke		700 g	70 g	10 g	1,43dl	1,43 l
Maizena		550 g	55 g	8 g	1,8 dl	1,8l
Haselnüsse, ganz		650 g	65 g		1,54dl	1,54l
Mandeln, ganz		650 g	65 g		1,54dl	1,54l
Mandeln, gemahlen	2,5 kg	250 g	25 g		4,0 dl	4,0 l
Haselnüsse, gemahlen	2,5 kg	250 g	25 g		2,0 dl	2,0 l
Aprikosen, getrocknet	5,0 kg	500 g	50 g		2,0 dl	2,0 l
Backpflaumen	7,0 kg	700 g	70 g		1,43dl	1,43l
Rosinen	5,0 kg	500 g	50 g		2,0 dl	2,0 l
Möhren, ganz, geschält	6,0 kg	600 g				
Kartoffeln, ganz, gesch.	9,0 kg	900 g				
Möhren, geschnitten	5,0 kg	500 g				
Rote Beete, geschnitten	6,0 kg	600 g				
Kartoffeln in Scheiben	7,5 kg	750 g				
Weißkohl in Streifen	5,0 kg	500 g				
Lauch in Ringe geschn.	3,4 kg	350 g				
Rote Beete, geraffelt	4,5 kg	450 g				2,2 l
Möhren, geraffelt	4,5 kg	450 g				2,2 l
Sellerie, geraffelt	4,5 kg	450 g				2,2 l
Äpfel, geschnitten	6,5 kg	650 g				
Äpfel, geraffelt	6,0 kg	600 g				

Suppen

Über Gemüsebrühe

In jeder Großküche sollte es auf dem Herd immer einen Topf mit Gemüse-brühe (Bouillon, Gemüsefond) geben.

In diesem Topf werden alle Schalen und frischen Reste vom Gemüseput-zen ausgekocht: Schalen von Sellerie, Pastinake, Steckrübe (Kohlrübe), Möhre, Schalen und Kerngehäuse von Äpfeln, zarte Stengelteile von Grünkohl, Lauchspitzen, Zwiebelgrün, Fenchelgrün, Sellerieblätter, zarte Möhrenblätter und die Stengel von Kräutern.

Die Gemüseabfälle gründlich waschen und schlechte oder faule Teile wegschneiden, mit Wasser bedecken, leicht salzen und Gewürze hinzu-geben: Lorbeer, Kümmel- und Koriandersamen, einige schwarze Pfeffer-körner und eventuell ein Stückchen Ingwer.

Die Gemüsebrühe wird zwei Stunden – eventuell länger – gekocht und dann abgeseiht. Im Kühlschrank kann sie bis zu fünf Tagen aufbewahrt werden.

Eine solche Brühe wird als Grundlage für Suppen und Soßen verwendet.

Man kann auch spezielle Gemüsebrühen für bestimmte Suppen und So-ßen kochen. Dann wählt man aus, welche Gemüse und Gewürze man dafür haben will.

Zu einer Mahlzeit kann man vor dem Hauptgericht, zum Beispiel einem üppigen griechischen Salat, eine klare Gemüsebrühe mit frischen, gehack-ten Kräutern oder etwas feingeschnittenem Gemüse – eine oder mehrere Sorten (Möhren, Sellerie, Weißkohl, Lauch, Fenchel usw.) – als Einlage servieren.

Gemüsebrühe mit Möhren und Lauch

10 Pers./3 l – 25 Pers./8 l – 150 Pers./50 l

	10 Pers.	25 Pers.	150 Pers.
Wasser	3 l	8 l	50 l
Sellerie	1/4	1/2	2
Pastinaken	1/2	l	2
Weißkohl	1/4	1/2	1
Zwiebel, mit 2 Nelken besteckt	1	2	6
Lauchspitzen (von der Einlage)			
einige schwarze Pfefferkörner			
Lorbeerblätter	2 St	4 – 5 St	20 St
Kümmel, ganz	1 TL	2 TL	3 EL
Koriander, ganz	1/2 TL	1 TL	1 EL
Fenchel, ganz	1/2 TL	1 TL	1 EL
Salz	1 EL	3 EL	2 dl

Das Gemüse putzen und schälen. Aus allen Zutaten eine Gemüsebrühe kochen und 1/2 bis 1 Stunde kochen lassen. Ab und zu abschmecken, um zu sehen, ob die Brühe nicht bitter wird. Die Wärme abschalten, und die Brühe 1/2 Stunde ziehen lassen. Die Brühe abseihen und aufkochen. Dann werden hinzugegeben:

Möhren	500 g	1 kg	5 kg
Lauchstangen	2	5	25
Olivenöl	3 EL	1 dl	1/2 l
ein Hauch gemahlener schwarzer Pfeffer			
Getrocknete Dillblüten	1 TL	1 EL	5 EL
Salz, Zitronensaft			

Die Möhren grob raffeln, den Lauch in dünne Ringe schneiden und beides in Olivenöl andünsten.
Das Gemüse zur Brühe geben, aufkochen und mit gemahlenem schwarzem Pfeffer, Dillblüten, Salz und Zitronensaft abschmecken. 5 bis 10 Minuten kochen lassen.

Gemüsebrühe mit Kräutern

10 Pers./3,5 l – 25 Pers./ 9 l – 150 Pers./50 l

Dies ist eine Brühe für den Frühsommer, wenn man noch nicht so viele Gemüsearten zur Verfügung hat, aus denen man eine Brühe kochen kann. Einige Reste und Schalenteile gibt es jedoch fast immer.
Statt der fehlenden Gemüse pflückt man frisches Grün im Garten – aber mit Rücksicht auf Geschmack und Aroma.

Ein Vorschlag:

Sellerieblätter, Fenchelgrün, einige ganze Frühlingszwiebeln, Borretsch-spitzen, Dillpflanzen (die in die Blüte schießen), einige Ysopstengel. Stiele von denjenigen Kräutern, die der Suppe später hinzugefügt werden.

Außerdem werden hinzugegeben:

Kümmel, ganz
Koriander, ganz
einige schwarze Pfefferkörner
eventuell einige Lorbeerblätter
eventuell ein Stückchen Ingwer
eventuell 3 bis 5 Zimtstangen
Salz

Das Kräuter- und Gemüsegrün zusammen mit den Gewürzen in 4/10/60 Litern Wasser aufkochen und darauf achten, wie sich der Geschmack während des Kochens entwickelt; wenn etwas fehlt, kann es noch während des Kochens hinzugefügt werden. Etwa 1/2 Stunde kochen, und dann 1/2 Stunde ziehen lassen.
Abseihen und die Brühe in einem sauberen Topf aufkochen. Wasser oder andere Brühe hinzufügen, so daß es 3,5/9/50 Liter ergibt. Abschmecken mit:

Salz
Essig (Apfelessig)
etwas gemahlenem schwarzem Pfeffer
eventuell gemahlenem Koriander
einem Hauch Zucker
Mit reichlich frischen, gehackten Kräutern folgender Sorten abschmecken:
Petersilie (viel), Schnittlauch (viel), Bohnenkraut (mäßig), Liebstöckel (nicht so viel).

Gemüsesuppe
10 Pers./4 l – 25 Pers./10 l – 150 Pers./65 l

Eine bunte Gemüsesuppe kann einfach aus den Gemüsen hergestellt werden, die je nach Jahreszeit und Angebot gerade zur Hand sind. Hier folgt
ein Beispiel:

	10 Pers.	25 Pers.	150 Pers.
Gemüsebrühe	3 l	6 l	50 l
Pastinaken, geschält	250 g	750 g	5 kg
Möhren, geschält	250 g	750 g	5 kg
Sellerie, geschält	250 g	750 g	5 kg
Butter	60 g	150 g	800 g
Lauchstangen	3	10	50
Weißkohl	250 g	1 kg	5 kg
Weizenmehl	1 dl	2,5 dl	1,5 l
Sahne (und etwas Wasser)	3 dl	6 dl	2 l
Koriander und Kümmel (zusammen gemahlen)	1 TL	1 EL	3 EL
Muskatnuß, gerieben	1 TL	3 TL	5 EL
Thymian	1 TL	3 TL	5 EL
Dill, frisch oder getrocknet etwas gemahlener schwarzer Pfeffer			
Salz	2 TL	1 EL	2 dl
Essig oder Zitronensaft Zuckerwürfel	2 St	3 St	15 St

3/6/50 Liter Gemüsebrühe aus Gemüseabfällen und Kräutern herstellen –
abseihen und aufkochen. Pastinaken und Möhren in dünne Scheiben, Sellerie in kleine Stücke schneiden und 5 bis 10 Minuten in der Hälfte der
Butter andünsten. Den in Ringe geschnittenen Lauch und den feingeschnittenen Weißkohl in der restlichen Butter andünsten.
Das Mehl mit der Sahne (und etwas Wasser) anrühren und die Gemüsebrühe damit binden, unter Rühren kurz kochen lassen.
Mit den Kräutern und Gewürzen, Salz und Essig abschmecken und einige
Zuckerwürfel hinzufügen (können auch weggelassen werden). Das angedünstete Gemüse in die Suppe geben und 15 bis 20 Minuten kochen.
Etwas Molke (3dl/1l/6l) kann kurz vor dem Servieren zur Suppe gegeben
werden. Zum Schluß wird die Suppe noch einmal mit Kräutern, Salz und
Zitronensaft abgeschmeckt. Wenn frische Petersilie zur Hand ist, streut
man sie zum Servieren über die Suppe.

Klare Gemüsesuppe
10 Pers./4,5 l – 25 Pers./10 l – 150 Pers./65 l

Auf dieselbe Weise wie eine gebundene Gemüsesuppe stellt man eine klare Gemüsesuppe her, aber man fügt weder Sahne noch Mehl hinzu. Das Rezept ist im Prinzip wie das vorhergehende.
Man achte darauf, daß das Gemüse nicht zu lange kocht und in der Suppe zu Mus wird. Abgeschmeckt wird wie im vorigen Rezept.

Für eine bunte Gemüsesuppe können verschiedene Gemüsearten je nach Jahreszeit verwendet werden. Zum Beispiel:

Sommer:

1. Fenchel, Spitzkohl, frische Zwiebeln, Möhren, Kartoffeln.
Kräuter: Dill, Thymian, Schnittlauch, Estragon.

2. Zuckererbsen, Möhren, Kartoffeln, frische Zwiebeln.
Kräuter: Petersilie, Bohnenkraut, Fenchel.

Winter:

1. Weißkohl, Zwiebel, Möhren, Pastinaken, Steckrüben.
Gewürze: Kümmel, Koriander, Majoran, Basilikum.

2. Kartoffeln, Möhren, Sellerie, Lauch.
Gewürze: Kümmel, Knoblauch, Basilikum.

Kartoffel-Lauchsuppe

10 Pers./4,5 l – 25 Pers./10 l – 150 Pers./65 l

	10 Pers.	25 Pers.	150 Pers.
Wasser	3 l	7 l	45 l
Lorbeerblatt	2 St	3 – 4 St	20 St
Kümmel, ganz	1 TL	1 EL	3 EL
gelbe Senfsamen	1 TL	1 EL	3 EL
schwarze Pfefferkörner	1/4 TL	1 TL	1 EL
Kartoffeln	1,5 kg	4 kg	20 – 25 l
Lauchstangen	4	10	60
Butter (alternativ Olivenöl)	50 g	150 g	800 g

Das Wasser mit den Kräutern aufkochen und etwa 30 Minuten lang kochen lassen. Währenddessen die Kartoffeln schälen und den Lauch putzen. Die Brühe abseihen und in einen sauberen Topf gießen, eventuell etwas Wasser hinzufügen, so daß 3/7/45 l Flüssigkeit vorhanden sind.
Die Kartoffeln mit der Küchenmaschine in Scheiben schneiden (5 – 6 mm) und zur Gemüsebrühe geben. Die Kartoffeln kochen lassen, bis sie sich auflösen. Unterdessen den Lauch in 1 – 2 cm lange Stücke schneiden und kurz in der Butter andünsten. Den Lauch in die kochende Suppe geben.

Bindung

Weizenmehl	1 dl	2,5 dl	1,5 l
Sahne (und etwas Wasser)	3 dl	6 dl	2 l
Dill, frisch oder getrocknet			
Koriander und schwarzer Pfeffer			
zusammen gemahlen	1 TL	2 TL	3 EL
Knoblauchzehen	2 St	4 St	25 St
Salz			
Essig			
Zuckerwürfel (können auch			
weggelassen werden)	2 St	4 St	15 St
Molke (eventuell)	2 dl	5 dl	3 – 4 l

Das Mehl mit Sahne und etwas Wasser verrühren und zur Suppe geben, Gewürze und eventuell Knoblauch hinzufügen, und die Suppe 10 bis 15 Minuten lang kochen lassen.Mit Salz, eventuell mehr Gewürzen, etwas Essig und Zucker abschmecken. Ist die Suppe zu dick, kann zum Schluß etwas Molke oder Wasser hinzugefügt werden. Zu dieser Suppe läßt sich gut frischgebackenes Brot servieren.

Kartoffel-Kerbelsuppe

10 Pers./4,5 l – 25 Pers./10 l – 150 Pers. 65 l

Diese Suppe ist eine Variante der oben beschriebenen Kartoffel-Lauch-suppe. Anstelle von Lauch verwendet man 400 g/1 kg/6 kg feingehackte und kurz angedünstete Zwiebeln.
Die Suppe wird mit reichlich getrocknetem oder frisch gehacktem Kerbel abgeschmeckt. Im übrigen wird sie, wie oben angegeben, zubereitet.

Frühlingssuppe

10 Pers./4,5 l – 25 Pers./10 l – 150 Pers./65 l

Eine dritte Variante ist diese Suppe, die man im Frühjahr zubereiten kann, wenn man die Möglichkeit hat, eine Komposition von frischen Kräutern zu pflücken, z. B. Petersilie, Ysop, Giersch, Kerbel und Dill.
Die Kräuter werden fein gehackt und der Kartoffelsuppe kurz vor dem Servieren hinzugefügt.

Wildkräutersuppe
10 Pers./4,5 l – 25 Pers./10 l – 150 Pers./60 l

Diese Frühlingssuppe wird mit Hilfe einer Komposition von Wildkräutern, die man im Frühjahr sammeln kann, zubereitet: Brennesseln, Kümmel, Giersch, Löwenzahnblätter, eventuell ergänzt durch Kräuter aus dem Kräutergarten wie Petersilie, Schnittlauch, Dill und Pimpinelle.
Die Grundsubstanz einer solchen Suppe ist eine gute Gemüsebrühe aus Gemüseresten, Kräutern und Gewürzen gekocht (siehe auch S. 68)

	10 Pers.	25 Pers.	150 Pers.
Kochende Gemüsebrühe	3 l	8 – 9 l	50 l
Weizenmehl	1,5 dl	3 dl	2 l
Sahne (und etwas Wasser oder nur Wasser	3 dl	6 dl	2 l
Zwiebel, feingehackt	300 g	750 g	5 l
Butter	50 g	100 g	600 g
Salz			
Etwas Essig			
schwarzer Pfeffer, gemahlen	1/2 TL	1 TL	1 EL
Koriander, gemahlen	1/2 TL	1 TL	2 EL
Wildkräuter, gehackt	1 l	2 – 3 l	10 l

Das Mehl mit der Sahne (und etwas Wasser) verrühren und mit dem Schneebesen in die Gemüsebrühe einrühren; unter Rühren kurz kochen lassen. Die Zwiebeln in der Butter andünsten und zur Suppe geben. Mit Salz, Essig, Pfeffer und Koriander abschmecken.
Kurz vor dem Servieren werden die gesammelten Wildkräuter, die gewaschen und feingehackt wurden, hinzugefügt. Danach darf die Suppe noch höchstens 5 Minuten kochen.
Die Suppe wird mit etwas Sahne und Salz abgerundet.

Brennesselsuppe

10 Pers./4 l – 25 Pers./10 l – 150 Pers./60 l

	10 Pers.	25 Pers.	150 Pers.
Brennesseln, frisch	4 l	10 l	60 l
Wasser	3 l	7 – 8 l	40 l
Kartoffeln, geschält und in Scheiben geschnitten	750 g	2 kg	15 l
Weizenmehl	3/4 dl	2 dl	1 l
Sahne (und etwas Wasser)	2 dl	4 dl	2 l
Zwiebeln, feingehackt	300 g	750 g	8 l
Butter (oder Olivenöl)	50 g	100 g	600 g
Salz			
Koriander	1/2 TL	1 TL	3 EL
Thymian	1 TL	2 TL	4 – 5 EL
Muskatnuß, gerieben	1/2 TL	1 TL	3 EL
Zuckerwürfel	2 St	3 St	15 St

Apfelessig
eventuell etwas schwarzen Pfeffer, gemahlen
eventuell etwas Sahne.

Die Brennesseln waschen, Grashalme und welke Teile entfernen. Die Brennesseln mit dem Wasser aufkochen, höchstens 5 bis 10 Minuten kochen lassen, abseihen, und die Brennesseln fein hacken. Das Kochwasser wieder aufkochen und mit den Kartoffeln (die man in der Suppe zerkochen läßt) und dem mit Sahne verrührten Weizenmehl binden.
Die gehackten Zwiebeln in der Butter kurz andünsten und zur Suppe geben. Danach mit Salz, Gewürzen, Zucker und Essig abschmecken.
Zum Schluß die gehackten Brennesseln hinzufügen und die Suppe aufkochen. Nochmals mit Salz, Gewürzen und Essig abschmecken. Eventuell kann man den Geschmack mit etwas Sahne abrunden.
Zu dieser Suppe können hartgekochte, halbierte Eier und frisch gebackenes Brot serviert werden.

Roggen-Kümmelsuppe
10 Pers./4 l – 25 Pers./10 l – 150 Pers./50-60 l

	10 Pers.	25 Pers.	150 Pers.
Gemüsebrühe	4 l	8 l	50 l
Roggenmehl	2 dl	5 dl	3 l
Kümmel, ganz	1 EL	2 EL	10 EL
Wasser (eventuell Molke)	3 dl	1 l	5 – 6 l
Salz			
Kümmel, gemahlen	1 EL	2 EL	5 EL
Koriander, gemahlen	1/2 TL	1 TL	2 EL
Muskatnuß, gerieben	1/2 TL	1 TL	2 EL
etwas Essig			
Sahne			
eventuell feingehackte, frische Petersilie			

Das Roggenmehl und den ganzen Kümmel trocken im Topf leicht rösten. Gut dabei rühren, so daß nichts anbrennt; das Mehl soll leicht geröstet werden, um mehr Aroma zu bekommen.

Das geröstete Mehl in kaltem Wasser (oder Molke) anrühren. Die Gemüsebrühe aufkochen (ein Teil der Flüssigkeitsmenge kann durch Molke ersetzt werden, die dann aber später hinzugefügt wird und also nicht zusammen mit der Gemüsebrühe gekocht wird).

Das angerührte Roggenmehl sollte eine Zeitlang quellen, bevor die Gemüsebrühe damit gebunden wird. Die Suppe nun unter Umrühren etwa 30 Minuten lang kochen und danach 1 bis 2 Stunden ziehen lassen.

Die Suppe dann mit Salz, reichlich gemahlenem Kümmel, etwas gemahlenem Koriander, etwas geriebener Muskatnuß abschmecken und die Molke hinzufügen. Zum Schluß mit Essig, eventuell mehr Salz und mit Sahne abschmecken.

Die Suppe wird gerne mit Petersilie bestreut und als Vorspeise zu Gemüsegerichten oder kräftigen, gemischten Salaten serviert. Sie wird ohne Brot gegessen.

Rote-Bete-Suppe

10 Pers./4,5 l – 25 Pers./10 l – 150 Pers./65 l

Die Rote-Bete-Suppe ist eine der berühmten Suppen, für die es eine Unzahl von Rezepten gibt, zum Beispiel den russischen «Bortsch».

	10 Pers.	25 Pers.	150 Pers.
Zwiebeln	300 g	1 kg	4 kg
Weißkohl	300 g	1 kg	4 kg
rote Bete, geschält	1 kg	2,5 kg	10 kg
Pastinaken oder Möhren	300 g	1 kg	4 kg
Knoblauchzehen	2 St	4 St	20 St
Butter	100 g	200 g	1 kg
Gemüsebrühe	3 l	7 l	50 l
Anis, Kümmel, Koriander, zusammen gemahlen	2 TL	1 – 2 EL	4 – 5 EL
Muskatnuß, gerieben	1 TL	2 TL	3 EL

etwas schwarzer Pfeffer, gemahlen
Salz
Apfelessig oder Zitronensaft

Das Gemüse fein schneiden oder raffeln. Zwiebeln und Weißkohl zusammen mit dem feingehackten Knoblauch in der Butter andünsten. Die geraffelten Pastinaken oder Möhren hinzufügen. Die grobgeraffelte rote Bete separat andünsten.
Die Gemüsebrühe zu dem angedünsteten Gemüse geben und aufkochen lassen. Die gemahlenen Gewürze (eine Mischung aus Anis, Kümmel und Koriander) hinzufügen. Die Suppe etwa 45 Minuten köcheln lassen. Mit geriebener Muskatnuß, etwas gemahlenem schwarzem Pfeffer, etwas Salz, etwas Apfelessig oder Zitronensaft und zum Schluß eventuell mit mehr Anis und Koriander abschmecken.
Zu dieser Suppe serviert man saure Sahne oder Quark, mit Meerrettich verrührt.

Rote-Bete-Suppe mit saurer Sahne und Roggenbrot.

Selleriesuppe

10 Pers./4 l – 25 Pers./10 l – 150 Pers./60 l

	10 Pers.	25 Pers.	150 Pers.
Sellerie	1 kg	2 kg	10 – 12 kg
Wasser (oder Gemüsebrühe *)	3 l	7 l	45 l
Butter (oder Olivenöl)	60 g	150 g	1 kg
Haferflocken	2,5 dl	6 dl	3 – 4 l
Anis und Fenchel (zusammen gemahlen)	1 TL	2 TL	4 EL
Muskatnuß, gerieben	1/2 TL	1–2 TL	3 EL
etwas Apfelessig			
Salz			
Sahne	1,5 dl	3 dl	1,5 l

* aus Sellerieschalen, Lorbeerblatt, Fenchelsamen und schwarzen Pfefferkörnern

Den Sellerie putzen und schälen, und aus den Schalenteilen und anderen Gemüseresten eine Gemüsebrühe kochen. Wenn die Brühe fertig ist (nach etwa 1 Stunde Kochzeit), wird sie abgeseiht und in einen sauberen Topf gegeben.

Den Sellerie grob raffeln und in der Butter andünsten, die Gemüsebrühe hinzufügen und 10 Minuten lang kochen lassen. Danach die Haferflocken hinzufügen, aufkochen lassen und die Wärme abschalten. Die Suppe 1 bis 2 Stunden ziehen lassen. Ab und zu umrühren und aufkochen lassen.

Die Suppe mit den gemahlenen Gewürzen, geriebener Muskatnuß und Apfelessig abschmecken und aufkochen lassen. Mit Salz abschmecken und mit Sahne abrunden. Mit gehackter Petersilie bestreuen und mit dunklem Knäckebrot servieren.

Grünkohlsuppe

10 Pers./4 l – 25 Pers./10 l – 150 Pers./60 l

	10 Pers.	25 Pers.	150 Pers
große Grünkohlstände	2 St	4 St	20 St
	(ca. 1 kg	2 kg	10 kg)
Wasser	1,5 l	4 l	25 l
Gemüsebrühe *	2 l	4 l	25 l
große Zwiebeln	2	5	30
Butter	50 g	100 g	600 g
Weizenmehl	1 dl	2,5 dl	1,5 l
Sahne	1,5 dl	3 dl	1–2 l
Basilikum	1 TL	2 TL	4 EL
Bohnenkraut	1 TL	2 TL	4 EL
Fenchel, gemahlen	1 TL	2 TL	4 EL
Muskatnuß, gerieben	1/2 TL	1 – 2 TL	3 EL
Salz			
etwas Essig			
eventuell mehr Sahne oder saure Sahne			
Zuckerwürfel	1 St	3 St	15 St

* aus Grünkohlstrünken, anderen Gemüseresten, gelben Senfkörnern, schwarzen Pfefferkörnern, einigen Wacholderbeeren, Fenchel- und Anissamen

Die Grünkohlblätter vom Strunk trennen und etwa 15 Minuten in 1,5/4/25 l Wasser unter Zusatz von etwas Fenchelsamen kochen.
Aus den zarteren Strunkteilen zusammen mit anderen Gemüseresten und Gewürzen eine Gemüsebrühe kochen; etwa 1 Stunde kochen lassen und dann abseihen. Die Zwiebeln fein hacken und in der Butter andünsten. Das Weizenmehl darübersieben. Die Gemüsebrühe zusammen mit dem Kochwasser der Grünkohlblätter aufkochen und mit dem Zwiebel-Mehl-Gemisch und der Sahne binden, alles zusammen durchkochen und mit Gewürzen, Salz und etwas Essig abschmecken.
Währenddessen den Grünkohl durch den Fleischwolf drehen oder fein hacken, zur Suppe geben und aufkochen lassen.
Den Geschmack der Suppe mit etwas Sahne oder saurer Sahne, geriebener Muskatnuß und gemahlenem schwarzem Pfeffer abrunden – zum Schluß eventuell einige Zuckerwürfel hinzufügen. Zur Suppe kann man hartgekochte, halbierte Eier und Knäckebrot servieren.

Mangoldsuppe

10 Pers./4 l – 25 Pers./10 l – 150 Pers./60 l

	10 Pers.	25 Pers.	150 Pers.
geputzte Mangoldblätter (ohne Stiele) .	3l	8 l	45 l
Wasser	2l	5l	30 l
Gemüsebrühe	1,5 l	3 l	20 l
Zwiebeln, gerieben	300 g	700 g	5l
Butter	50 g	100 g	600 g
Weizenmehl	1 dl	2,5 dl	1,5 l
Salz			
Ysop, Bohnenkraut oder Basilikum	1 – 2 TL	1 – 2 EL	6 – 8 EL
Dill oder Petersilie, frisch			
Koriander, gemahlen	1 TL	2 TL	4 EL
Muskatnuß, gerieben	1 TL	2-3 TL	4 EL
Ingwer, gemahlen	1/2 TL	1 TL	2 EL
Sahne			
etwas Essig			

Mangoldsuppe wird eigentlich auf die gleiche Art zubereitet wie Grünkohlsuppe, jedoch werden die Stiele nicht für die Gemüsebrühe verwendet, da sie so zart sind, daß sie sich ausgezeichnet als Gemüse essen
lassen. Für die Mangoldsuppe werden also nur die grünen Teile des Man-
golds verwendet.
Für die Mangoldsuppe wird eine kräftigere Gemüsebrühe als für die Grünkohlsuppe gebraucht. Das ist nicht schwierig, da es in der Mangoldsaison
(Juli – August – September) genügend frische Kräuter und Gemüsereste
gibt.
Die Mangoldblätter im Wasser blanchieren, abseihen, durch den Fleischwolf drehen oder fein hacken.
Die geriebenen Zwiebeln in der Butter andünsten und das Mehl darübersieben. Das Zwiebel-Mehl-Gemisch in das Kochwasser der Blätter und die
Gemüsebrühe geben und gut durchkochen lassen. Die Suppe mit Salz,
Ysop, frischem Dill, gemahlenem Koriander, geriebener Muskatnuß und
gemahlenem Ingwer abschmecken.
Den passierten oder gehackten Mangold hinzufügen und die Suppe aufkochen lassen, mit Sahne, etwas Salz und Essig abrunden.

Blumenkohlsuppe

10 Pers./4l – 25 Pers./10 l – 150 Pers./60 l

	10 Pers.	25 Pers.	150 Pers.
Blumenkohl (eventuell 2. Wahl)	1,5 kg	3,5 kg	20 kg
Wasser	2l	4l	25 l
Gemüsebrühe *	1,5 l	3l	20 l
Weizenmehl	1,5 dl	4 dl	2,5 l
Sahne (und etwas Wasser)	1,5 dl	3 dl	2 l
Muskatnuß, gerieben	1 TL	1 – 2 TL	3 EL

Salz
etwas gemahlener schwarzer Pfeffer
Zitronensaft
Petersilie, frisch

*aus Blumenkohlresten, Dillblüten und Stielen, Thymianzweigen, Lorbeerblatt und einigen schwarzen Pfefferkörnern

Den Blumenkohl putzen; die grünen Blätter und groben Strunkteile für die Gemüsebrühe verwenden.
Den Blumenkohl in Röschen zerteilen und in leicht gesalzenem Wasser zusammen mit einem Strauß Dillblüten kochen.
Etwa 5 bis 10 Minuten kochen lassen und dann den Blumenkohl und den Dill aus dem Wasser heben.
Die abgeseihte Gemüsebrühe zusammen mit dem Blumenkohlwasser aufkochen und mit dem in der Sahne (und etwas Wasser) angerührten Weizenmehl binden. 5 bis 10 Minuten kochen lassen. Die Suppe mit geriebener Muskatnuß, Salz, etwas gemahlenem schwarzem Pfeffer und Zitronensaft abschmecken. Eventuell mit etwas mehr Sahne abrunden.
Zum Schluß den gekochten Blumenkohl hinzufügen und die Suppe kurz aufkochen lassen.
Zum Servieren reichlich frische, gehackte Petersilie über die Suppe streuen.
Mit frisch gebackenem Brot – in Pain-riche-Form – servieren.

Erbsensuppe
10 Pers./4,5 l – 25 Pers./12 l – 150 Pers./60 – 70 l

	10 Pers.	25 Pers.	150 Pers.
getrocknete gelbe Erbsen	400 g	1 kg	5 kg
Wasser (und extra Wasser)	3 l	8 l	50 l
Senf- und Kümmelsamen			
Möhren, geschält	600 g	1,5 kg	8 kg
große Zwiebeln oder Lauchstangen	1	5	30
Knoblauchzehen	1 St	4 – 5 St	25 St
Butter	100 g	200 g	1 kg
Thymian	1 – 2 TL	1 – 2 EL	5 EL
Majoran	1 – 2 TL	1 – 2 EL	5 EL
Salbei	1/2 TL	2 TL	3 EL
Senf und Kümmel, gemahlen			
etwas Apfelessig			
Salz			

Die Erbsen am Abend vorher zusammen mit Senf- und Kümmelsamen im Wasser kochen. Die Wärme abschalten und die Erbsen über Nacht stehen und ziehen lassen.

Am nächsten Morgen schwimmende Schalenteile abschöpfen und mehr Wasser hinzufügen (1/3/20 l). Die Erbsen wieder aufkochen. Die ganze Kochzeit über schwimmende Schalenteile abschöpfen; sie sind es, die die Blähungen hervorrufen. Kümmel und Senf wirken den Blähungen entgegen. Die Erbsen nun mehrere Stunden kochen lassen, bis sie anfangen, sich aufzulösen.

Währenddessen die Möhren schälen (sie können teilweise durch Kartoffeln ersetzt werden, die die Suppe sämiger machen). Die Zwiebeln schälen oder den Lauch putzen. Die Möhren in Scheiben schneiden, die Zwiebeln hacken oder den Lauch in feine Ringe schneiden, und alles Gemüse zusammen mit dem feingehackten Knoblauch in der Butter andünsten. Alles zusammen zur Suppe geben, wenn die Erbsen anfangen zu zerkochen. Mehr Wasser hinzugeben, da durch die lange Kochzeit viel verdunstet ist. Die Suppe aufkochen und mit reichlich Thymian, Majoran, etwas Salbei, eventuell mehr durchgepreßtem Knoblauch, gemahlenem Kümmel, gemahlenem Senf samt etwas Apfelessig und Salz abschmecken. Den Geschmack mit etwas Sahne abrunden.

Zum Servieren kann man feingehackte frische Petersilie über die Suppe streuen.

Rohkost und Salate

Ein Mittagessen sollte immer einen Teil Rohkost enthalten – etwa 1/4 der Mahlzeit sollte aus Salat oder Rohkost bestehen.
Salate müssen immer frisch sein, also kurz vor dem Servieren fertiggestellt werden. Die Soße für einen grünen Salat darf erst ganz kurz vor dem Servieren über den Salat gegeben werden. Geraffelte Wurzelgemüse dagegen sollten sofort nach dem Raffeln mit Öl oder Salatsoße übergossen werden und dürfen gerne 1/2 Stunde in der Soße ziehen, bevor sie serviert werden.

Kräuter und Salatsoßen

Salatsoßen sind ein wichtiges Kapitel. Mit ein wenig Phantasie findet man leicht viele Variationsmöglichkeiten. Während des Sommers ist es ganz selbstverständlich, reichlich frische Kräuter zu verwenden – diese können sogar einen Teil der frühsommerlichen Rohkost ausmachen, wenn es zum Beispiel im Mai oder Juni nicht mehr viel vom vorjährigen Gemüse und auch noch nicht viel Neues, Frisches gibt.
Bei der Verwendung – und vor allem bei der Zusammenstellung von frischen Kräutern in Salatsoßen – muß man durch Ausprobieren zu eigenen Erfahrungen kommen. Man sollte nicht allzu vorsichtig sein, muß aber immer aufmerksam und wach mit seinem Geruchs- und Geschmackssinn dabeibleiben.
Ein Teil der Kräuter ist mild und leicht in Geschmack und Duft, zum Beispiel Zitronenmelisse, Majoran, Petersilie, Dill, Kerbel, Borretsch und zu einem gewissen Grad Minze. Eine andere Kräutergruppe ist «schärfer», stark aromatisch und charakteristisch in Geschmack und Aroma, zum Beispiel Liebstöckel, Schnittlauch, Basilikum, Ysop, Thymian, Bohnenkraut und Estragon.
Wenn man verschiedene Kräuter zusammenstellt, kann man sich an folgende Regel halten: Mehrere nicht dominierende Kräuter bilden den aromatischen Hintergrund, eines der stärker aromatischen Kräuter tritt hervor. Man kann aber auch so verfahren, daß kein einzelnes Gewürzkraut beson-

ders hervortritt. Hierbei läßt man die Kräuter eine Geschmacksharmonie bilden, zum Beispiel Ysop, Petersilie, Minze, Majoran, Liebstöckel.

Außerdem kann man alle möglichen «Spezialmischungen» entwickeln. Ein Beispiel dafür ist die französische Mischung «Fines herbes»: Estragon, Dill, Schnittlauch und Kerbel.

Zeitig im Frühjahr hat man nur einzelne Kräuter wie Liebstöckel, Petersilie, Dill und Schnittlauch zur Verfügung, aber diese vier lassen sich gut auf verschiedene Weise mischen.

Die Kräuter haben genau wie die Gemüse ihre Saison. Liebstöckel kommt im Frühjahr als erstes. Dann kommen Schnittlauch, Dill, Petersilie und Kerbel.

Bei den Kräutern des Frühlings und Frühsommers dominiert die Familie der Doldenblütler: Petersilie, Dill, Kerbel, Liebstöckel und Kümmel. Die Aromen dieser Kräuterfamilie werden vor allem durch die starke Lichtwirkung im Frühjahr gebildet.

Im Hoch- und Spätsommer dominiert bei den Kräutern die reiche Vielfalt der Lippenblütler: Thymian, Majoran, Zitronenmelisse, Salbei, Basilikum, Bohnenkraut, Minze, Lavendel, Rosmarin. Die Aromen dieser Kräuter werden vor allem in und von der Wärme gebildet.

Ich verwende gerne Kräuter aus beiden Familien zusammen.

Grüner Salat

Unter grünem Salat versteht man viele verschiedene Salatsorten, zum Beispiel den zarten gewöhnlichen Kopfsalat, den knackigen Eisbergsalat, die verschiedenen Formen der leicht bitteren Zichorie und den Chicorée.

Diese Arten von grünem Salat werden so serviert, wie sie sind. Entweder werden sie mit der Salatsoße übergossen, oder man reicht sie extra dazu.

Beim Waschen und Zubereiten von grünem Salat muß man vorsichtig sein, um den Blättern nicht zu schaden. Den Salat nicht unter fließendem Wasser waschen! Ein Becken oder eine Schüssel mit Wasser füllen und die Salatblätter hineinlegen – aber nicht zu lange. Die Salatblätter mit zarter Hand behutsam waschen, aus dem Wasser nehmen und zum Abtropfen in Siebe legen.

Wenn die Blätter zerteilt werden sollen, dann vorsichtig und ohne sie zusammenzudrücken oder ihnen zu schaden; man versucht, sie lebend und luftig zu erhalten.

Das Hacken von Kräutern für eine Salatsoße. Auf dem Holzbrett: Schnittlauch Zitronenmelisse, Bohnenkraut und Petersilie.

Wenn der grüne Salat mit einer Salatsoße übergossen werden soll, dann erst, wenn der Salat in der Salatschüssel angerichtet ist.

Ich arbeite mit zwei Grundsoßen:

1. Öl und Essig (oder Zitronensaft)
2. Schwedenmilch (Sauerrahm oder Joghurt),
Öl und etwas Essig oder Zitronensaft.

Bei der ersten ist es vorteilhaft, sie über den Salat zu gießen, bei der zweiten, sie dazu zu servieren.

Öl - Essigsalatsoße
Salatschüssel für 8 bis 10 Personen

1 dl Sonnenblumenöl
1 – 2 EL Essig oder Saft einer halben Zitrone
1 TL Salz
1 TL Zucker oder Honig

Dies ist eine Grundsoße, die so, wie sie ist, verwendet werden kann; sie kann aber auch auf die verschiedenste Weise gewürzt werden.

Sommer
1. Dill, Schnittlauch, Liebstöckel
2. Minze, Petersilie, Majoran
3. Basilikum, Dill, Borretsch
4. Majoran, Ysop, Borretsch, Dill
5. Zitronenmelisse, Majoran, Kerbel

Winter:
1. gemahlener Koriander, gemahlener schwarzer Pfeffer, Thymian
2. Knoblauch, Estragon, Basilikum
3. Paprika, Knoblauch, Basilikum, etwas gemahlener schwarzer Pfeffer
4. Senfpulver, getrocknete Dillblüten, Majoran

Frische Kräuter werden gehackt und gleich nach dem Hacken in die Soße gegeben (sie verlieren ihr Aroma, wenn sie nach dem Hacken herumliegen). Sie dürfen gerne eine Zeitlang in der Salatsoße ziehen. Kurz vor dem Servieren wird die Soße über den Salat gegeben.

Werden für die Salatsoße getrocknete Kräuter verwendet, müssen diese im Mörser zerstoßen oder gemahlen werden, bevor sie der Soße zugesetzt werden. Danach müssen sie längere Zeit in der Soße ziehen (mindestens 1 bis 2 Stunden).

Es ist zu bedenken, daß Säuren (Essig, Zitronensaft, Sauermilchprodukte) aromatische Öle lösen können, so daß die Aromastoffe frei werden und sich mit der Soße besser verbinden. Daher ist es immer gut, die Kräuter mit Essig, Zitronensaft usw. in Kontakt kommen zu lassen, bevor das Öl hinzugefügt wird. In Öl allein gelegt, dauert es sehr lange, die Aromen der Kräuter auszuziehen.

Salatsoße mit Schwedenmilch und Öl
Salatschüssel für 8 bis 10 Personen

2 – 3 dl Schwedenmilch (eventuell halb Joghurt, halb saure Sahne)
3 EL Öl
1 TL Salz
1/2 TL Zucker oder Honig
eventuell einige Tropfen Zitronensaft oder Essig

Diese Schwedenmilchsoße kann auf die verschiedenste Weise abgeschmeckt werden. Gut passen Kompositionen «kühlender» Kräuter, zum Beispiel Minzen, Zitronenmelisse, Dill, Borretsch; aber eigentlich kann man alle möglichen Kräuter zusammenstellen.

Sommer:
1. Minze, Zitronenmelisse, Borretsch
2. Minze, Ysop, Dill
3. Basilikum, Petersilie, Dill

Winter:
1. Knoblauch, Basilikum, Estragon
2. getrockneter Dill, Minze, gemahlener schwarzer Pfeffer

Chinakohlsalat
Salatschüssel für 8 bis 10 Personen

Der Chinakohl gehört nicht zu den Salaten, sondern zur Familie der Kreuzblütler und ist also eine Kohlsorte.

Es gibt ihn verhältnismäßig spät im Herbst, und im Winter wird er oft importiert.

Er ist frisch und saftig, aber auch etwas langweilig und «seifig» im Geschmack. Deshalb braucht er eine kräftige, säuerliche Soße. Er läßt sich gut mischen, zum Beispiel schmeckt Chinakohl gemischt mit Grapefruitstückchen sehr gut.

Eine Schwedenmilch- oder Joghurtsoße paßt gut zum Chinakohl.

1 Chinakohlkopf
1 Grapefruit

Salatsoße:
2 dl Joghurt
1 dl Öl
etwas Salz
etwas Honig
Kräuter und Gewürze
1. Minze, Zitronenmelisse, ein Hauch schwarzer Pfeffer
2. getrocknete Dillblüten, Ingwer, gemahlener Anis, gemahlener Koriander

Die Salatsoße zubereiten und mit den Kräutern 1 Stunde ziehen lassen.

Den Chinakohl waschen – Blatt für Blatt – und quer in 1 cm breite Streifen schneiden.

Die Grapefruit schälen, in Spalten teilen, diese vorsichtig in Stücke schneiden und mit dem Chinakohl mischen. Die Soße kurz vor dem Servieren über den Salat geben.

Gurkensalate

Zum Thema Gurkensalat gibt es unzählige Variationen.
Die Menge des Gurkensalats ist abhängig davon, welche anderen Salate und Gerichte zur Mahlzeit serviert werden. Gurkensalat vertritt oft die «saure» Komponente einer Mahlzeit.

Gurkensalat mit Joghurtsoße
Salatschüssel für 8 bis 10 Personen

3 Gurken
Saft von 1/2 Zitrone oder 1 – 2 TL Essig

Salatsoße:
2 dl Joghurt
2 EL Sonnenblumenöl
1 TL Salz
Borretsch (oder Dill und Petersilie)
Pfefferminze

Joghurt, Öl und Salz mit dem Schneebesen verschlagen, mit reichlich gehackten Borretsch- und Pfefferminzblättern abschmecken. Eine Stunde stehen und ziehen lassen.
Die Gurken waschen, der Länge nach in 2 oder 4 Teile und dann quer in 1/2 cm dicke Stücke schneiden, die in Zitronensaft oder Essig gewendet werden. Die Gurkenstücke sollten nicht länger als 10 Minuten stehen, bevor man die Salatsoße hinzugibt.
Dies ist ein kühlender Salat, den man mit 3 bis 5 Borretschblüten garnieren kann.

Schwedischer Gurkensalat

Salatschüssel für 8 bis 10 Personen

3 Gurken
1 TL Salz
4 – 5 EL Essig
2 TL Zucker
etwas gemahlener schwarzer Pfeffer
reichlich frischer Dill

Die Gurken in dünne Scheiben schneiden und vorsichtig mit dem Salz vermengen, eine halbe bis eine Stunde stehen und Saft ziehen lassen. Danach 4 bis 5 EL Essig hinzufügen und mit Zucker abschmecken. Etwas gemahlenen schwarzen Pfeffer und viel frischen, gehackten Dill untermischen.

Französischer Gurkensalat

Salatschüssel für 8 bis 10 Personen

3 große Gurken
1 TL Salz

Salatsoße:
1 dl Sonnenblumenöl
1 EL Essig
ein Hauch Salz
Estragon
Schnittlauch
Kerbel

Für die Salatsoße Öl und Essig verschlagen und das Salz hinzufügen. Die Kräuter hacken und hinzugeben. Verwendet man getrocknete Kräuter, sollte die Soße mindestens eine halbe Stunde ziehen.
Die Gurken in dünne Scheiben schneiden und schichtweise mit Salz bestreuen, etwa 1 Stunde stehen und ziehen lassen; dadurch werden die Gurken weicher und geben Saft ab. Danach die Salatsoße über die Gurken geben und nochmals eine halbe Stunde ziehen lassen. Ab und zu vorsichtig durchmischen.

Starker Gurkensalat
Salatschüssel für 8 bis 10 Personen

3 große Gurken
Saft von 1/2 Zitrone oder 2 EL Essig

Salatsoße:
1 dl Schwedenmilch
1 dl Öl
Salz
etwas Zucker
2 – 3 Knoblauchzehen
reichlich gehackte Petersilie
gehackter Estragon
gemahlener schwarzer Pfeffer

Die Gurken in 3 mm dicke Scheiben schneiden. Die Zitrone auspressen und den Saft über die Gurken gießen. Schwedenmilch, Öl, Salz, einen Hauch Zucker, den durchgepreßten Knoblauch und die gehackten Kräuter mit dem Schneebesen verschlagen, abschmecken und zu den Gurken geben.
Gehackte Petersilie über den Salat streuen.

Tomatensalate

Tomatensalat ist eine Delikatesse, die zum Sommer gehört. Es schmeckt sehr gut, wenn man Tomaten mit frischen Frühlingszwiebeln, von denen man sowohl die Zwiebeln als auch die frischen Triebe verwendet, mischt. Ein Tomatensalat sieht sehr ansprechend aus, wenn man ihn auf einer Platte anrichtet und dann mit der Soße übergießt. Man darf niemals zuviel im Tomatensalat rühren, da die Tomaten leicht zerfallen und dann nicht mehr ansprechend aussehen.

Tomatensalat mit Basilikum
Salatschüssel für 8 bis 10 Personen

An einem warmen Sommertag kann dieser Salat auch als «Soße» zu gekochten Spaghetti serviert werden. Dann rechnet man mit einer größeren Menge Tomaten. Die Tomaten sollten am besten gehäutet werden, bevor man sie schneidet.

15 große Tomaten
viel frisches, gehacktes Basilikum

Salatsoße:
1,5 dl Öl (halb Sonnenblumen-, halb Olivenöl)
2 – 3 EL Essig
1 TL Salz
einen Hauch Knoblauch und etwas gemahlener schwarzer Pfeffer

Es ist schwierig, Basilikum zu hacken. Ein scharfes Messer und eine wache Hand sind erforderlich; Basilikum sollte nämlich nicht zu einem schwarzgrünen Brei gehackt, sondern in feinste Streifen geschnitten werden, so daß es als noch lebender Blatteil erhalten bleibt. Wer Gefühl dafür hat, empfinde den Unterschied!
Die Tomaten in Spalten schneiden, in eine Schale legen und mit dem gehackten Basilikum bestreuen.
Die Salatsoße mit dem Schneebesen verschlagen und über die Tomaten gießen. Vorsichtig vermischen.

Tomaten-Zwiebelsalat

Salatschüssel oder Platte für 8 bis 10 Personen

10 – 15 Tomaten	**Salatsoße:**
2 – 3 Frühlingszwiebeln	1,5 dl Sonnenblumenöl (eventuell Olivenöl)
	Essig
	Salz
	einen Hauch Zucker
	1 – 2 durchgepreßte Knoblauchzehen
	etwas gemahlener schwarzer Pfeffer
	gehackter Schnittlauch
	gehackte Petersilie

Die Salatsoße mit dem Schneebesen verschlagen und mit den Kräutern abschmecken.

Die Tomaten waschen und in Scheiben schneiden. Die Zwiebeln in dünne Scheiben schneiden, die Triebe in feine Ringe. Tomaten und Zwiebeln auf eine Platte schichten.

Mit der Soße übergießen und mit gehackter Petersilie bestreuen.

Tomatensalat mit Thymian

Salatschüssel oder Platte für 8 bis 10 Personen

15 Tomaten	**Salatsoße:**
	1 dl Schwedenmilch
	1 dl Olivenöl
	etwas Salz
	einen Hauch Zucker
	1 – 2 EL Essig
	reichlich gehackter Thymian
	gehackter Dill
	gehackte Zitronenmelisse

Die Tomaten in Scheiben schneiden und auf einer Platte anrichten. Schwedenmilch und Öl mit dem Schneebesen verschlagen und mit Salz, Zucker und Essig abschmecken. Die gehackten Kräuter hinzugeben. Getrocknete Kräuter sollten 1/2 bis 1 Stunde ziehen.

Kurz vor dem Servieren die Salatsoße vorsichtig über die Tomaten gießen. Mit gehacktem Dill bestreuen.

Möhrenrohkost

	10 Pers.	25 Pers.	150 Pers.
Möhren, geschält	1 kg	2,5 kg	15 kg
etwas Öl			

Salatsoße

Sonnenblumenöl	1 dl	2dl	8 dl
Zitronen, Saft	1/2	1 – 2	8 – 10
etwas Salz			
eventuell etwas gemahlener Anis			

Möhrenrohkost sollte so einfach und frisch wie möglich zubereitet werden. Die Möhren fein raffeln und sofort mit etwas Öl beträufeln. Die Salatsoße zubereiten und sofort über die geraffelten Möhren geben.
Möhrenrohkost sollte unmittelbar vor dem Essen zubereitet werden. Wenn sie zu lange steht, verliert sie viel von ihren Vitaminen und ihrer Lebenskraft. Wenn man gleich nach dem Raffeln etwas Öl über die Möhren träufelt, bindet man das flüchtige Provitamin A (Karotin), an dem die Möhre so reich ist.

Möhrenrohkost mit Lauch

	10 Pers.	25 Pers.	150 Pers.
Möhren, geschält	1 kg	2,5 kg	15 kg
große Lauchstangen	1 St	3 St	20 St

Salatsoße:

Sonnenblumenöl	1 dl	2 dl	8 dl
Apfelsaft	1 dl	2 dl	5 dl
Zitronen, Saft	1/2	2 – 3	8 – 10
etwas Salz			
Fenchel, gemahlen	1/2 TL	1 – 2 TL	4 – 5 EL
Dill			

Die Möhren etwas gröber raffeln als zur gewöhnlichen Möhrenrohkost und sofort etwas Sonnenblumenöl darüber träufeln.
Den Lauch putzen, in 1 bis 2 mm dünne Ringe schneiden und unter die Möhren mischen. Die Salatsoße zubereiten und über die Rohkost gießen.

Möhrenrohkost mit milchsauren Bohnen

	10 Pers.	25 Pers.	150 Pers.
Möhren, geschält	1 kg	2 kg	12 kg
gesäuerte Bohnen *	200 g	1 l	6 – 7 l

Salatsoße:

Sonnenblumenöl	1 dl	2 dl	8 dl
Zitronen, Saft.	1/4	1	5
Koriander, gemahlen.	1/2 TL	1 TL	5 – 6 TL
Senfpulver	1/2 TL	1 TL	5 TL

Salz
etwas Zucker
eventuell gehackte Petersilie

* gerne Bohnen, die zusammen mit Zwiebeln eingesäuert wurden, dann die Zwiebeln mitverwenden.

Bevor die Möhren geraffelt und die Bohnen geschnitten werden, wird die Salatsoße zubereitet, so daß sie eine halbe bis 1 Stunde ziehen kann, bevor sie über die Rohkost gegossen wird.
Die Möhren etwas gröber als gewöhnlich raffeln und sofort mit etwas Öl beträufeln. Die gesäuerten Bohnen (und Zwiebeln) in kleine Stücke schneiden. Alles mischen.

Möhren-Weißkohl-Apfelrohkost

Salatschüssel für 8 bis 10 Personen

4 mittelgroße Möhren
1 dl Sonnenblumenöl
1 großer Apfel
1 – 2 dl feingeraffelter Weißkohl
Saft von 1 – 2 Apfelsinen
eventuell etwas Salz

Die Möhren fein raffeln und mit Öl beträufeln. Den Apfel grob raffeln und mit dem Weißkohl und den Möhren mischen. Sofort den Apfelsinensaft darübergießen. Eventuell salzen.

Rote-Bete-Rohkost

Rote-Bete-Rohkost mit Äpfeln

Wenn man eine gut schmeckende und leichtverdauliche Rohkost aus Rote Beete herstellen will, dann muß man sie mit Früchten oder einer sehr fruchtigen, saftigen Soße zubereiten.

	10 Pers.	25 Pers.	150 Pers.
rote Bete, geschält	800 g	1,5 kg	10 kg
Äpfel, vom Kernhaus befreit	300 g	1 kg	6 kg

Salatsoße:

Sonnenblumenöl	1 dl	2 dl	1 l
Apfelsaft	1 dl	2 dl	1 l
Zitronensaft	1/2	2	8 – 10
alternativ: Essig	1 EL	3 EL	2 dl
Koriander und Anis,			
zusammen gemahlen	1 – 2 TL	1 – 2 EL	5 EL
Muskatnuß, gerieben	1 TL	2 – 3 TL	4 – 5 EL
Nelke, gemahlen	ein Hauch	ein Hauch	1/2 TL
Salz			
Zucker oder Honig			

Zuerst die Salatsoße zubereiten. Die rote Bete fein raffeln und mit der Soße vermengen. Darauf achten, daß alles gut von der Soße durchdrungen wird. Die Äpfel grob raffeln und untermischen.
Die Rohkost 15 bis 30 Minuten ziehen lassen und abschmecken.

Rote-Bete-Rohkost mit Sauerkraut

	10 Pers.	25 Pers.	150 Pers.
rote Bete, geschält	800 g	2 kg	10 kg
Sauerkraut, gut abgetropft	1/2 l	1,5 l	8 – 10 l

Salatsoße:

	10 Pers.	25 Pers.	150 Pers.
Sonnenblumenöl	1 dl	2 dl	1 l
Apfelsaft	1 dl	2 dl	1 l
Salz			
etwas Zucker oder Honig			
Koriander und Anis,			
zusammen gemahlen	1 TL	2 TL	2 EL
Muskatnuß, gerieben	1/2 TL	1 TL	2 EL

Zuerst die Soße zubereiten. Die rote Bete fein raffeln und mit dem Sauerkraut gut vermengen. Mit der Soße übergießen. Darauf achten, daß alles gut vermengt wird und sich keine «Sauerkrautklumpen» in der Rohkost befinden.

Rote-Bete-Rohkost mit Apfelsine

	10 Pers.	25 Pers.	150 Pers.
rote Bete, geschält	600 g	1,5 kg	8 kg
Möhren, geschält	300 g	1 kg	5 kg
Sonnenblumenöl	1/2 dl	1,5 dl	1/2 l
Anis, gemahlen	1/2 TL	1 TL	2 EL
Salz			
etwas Zucker oder Honig			
Apfelsinen, Saft	2 – 3	6	35

Rote Bete und Möhren fein raffeln und das Öl darüber träufeln. Dann gemahlenen Anis, Salz und Zucker untermischen und zum Schluß mit reichlich Apfelsinensaft übergießen.

Steckrüben- und Sellerierohkost, Kartoffelsalat

Steckrübenrohkost

	10 Pers.	25 Pers.	150 Pers.
Steckrüben, geschält	800 g	2 kg	14 kg
Essig	1 EL	2 EL	1,5 dl

Salatsoße:

	10 Pers.	25 Pers.	150 Pers.
saure Sahne (eventuell geschlagene süße Sahne)	1 dl	2 dl	1 l
Joghurt	1 dl	2 dl	1 l
Öl	2 EL	1 dl	4 dl
Salz			
Senfpulver	1/2 TL	2 TL	2 EL
Kümmel und Koriander, zusammen gemahlen	1/2 TL	2 TL	2 EL
eventuell gehackte Petersilie			

Zuerst die Salatsoße herstellen. Die Steckrüben fein raffeln und mit dem Essig vermengen, mit der Soße übergießen. Eventuell mit frischer, gehackter Petersilie bestreuen.

Steckrüben-Sellerierohkost mit Nußsoße

	10 Pers.	25 Pers.	150 Pers.
Steckrüben, geschält	400 g	1 kg	7 kg
Sellerie, geschält	400 g	1 kg	7 kg

Salatsoße:

	10 Pers.	25 Pers.	150 Pers.
Sonnenblumenöl	1/2 dl	1,5 dl	7 dl
Schwedenmilch oder Joghurt	3/4 dl	2 dl	1 l
Haselnüsse oder Mandeln, gerieben	1 dl	2 dl	1 l

Zitronensaft . . . . 1/2 . . . . 1 – 2 . . . . . . 6 – 8
Senfpulver . . . . 1/2 TL . . . . 1 TL . . . . 2 EL
Koriander, gemahlen. . . . . 1/2 TL . . . . 1 TL . . . . 2 EL
Muskatnuß gerieben . . . . 1 TL . . . . 2 TL . . . . 3 EL
Salz
etwas Zucker oder Honig

Öl, Schwedenmilch, geriebene Nüsse, Zitronensaft und Gewürze mit dem Schneebesen verschlagen.
Den Sellerie und die Steckrüben fein raffeln, die Soße hinzufügen und gut vermengen, ohne die Rohkost zu kneten oder zusammenzupressen; man «schüttelt» sie, so daß sich Gemüse und Soße miteinander verbinden.

Sellerierohkost

	10 Pers.	25 Pers.	150 Pers.
Sellerie, geschält	800 g	1,8 kg	10 – 12 kg
Äpfel, vom Kernhaus befreit	400 g	1 kg	5 kg

Salatsoße:

Öl	3 EL	1 dl	1/2 l
Apfelsaft	1/2 dl	1 dl	3/4 l
Zitronen, Saft	1/2	1 – 2	8 – 10
alternativ: Essig	1 EL	2EL	1,5 dl
Fenchel und Anis, zusammen gemahlen.	1 TL	2 TL	2 EL
Muskatnuß, gerieben	1 TL	2 TL	3 EL
Dill, frisch oder getrocknet			
etwas Salz			
Sahne, leicht geschlagen	2 – 3 dl	6 dl	3 l

Den Sellerie fein und die Äpfel grob raffeln. Die Soße mischen, abschmekken und über die Rohkost geben. Gut mischen, indem man Rohkost und Soße «zusammenschüttelt».
Die geschlagene Sahne vorsichtig unter die Rohkost heben. Behutsam mit der Rohkost umgehen, so daß kein Saft herausgepreßt wird und ein graues Mus das Ergebnis ist.

Kartoffelsalat

	10 Pers.	25 Pers.	150 Pers.
Kartoffeln, gekocht und in Scheiben geschnitten	2 kg	5 kg	40 l

(ein Teil der Kartoffeln kann durch Gurken ersetzt werden)

	10 Pers.	25 Pers.	150 Pers.
Zwiebeln, gehackt oder fein geschnitten	400 g	1 kg	10 l
Zitronen, Saft oder etwas Essig	1	2	10
Sonnenblumenöl	1/2 dl	1 dl	1/2 l
Salz			

Salatsoße:

	10 Pers.	25 Pers.	150 Pers.
saure Sahne	2 dl	4 dl	2 l
Joghurt	2 dl	5 dl	3 l
Öl	1/2 dl	1 dl	1/2 l
Salz			

etwas Zucker
Knoblauch, durchgepreßt
Dill, Thymian, Zitronenmelisse, frisch gehackt (Sommer)
Dill, Thymian, Pfefferminze (getrocknet) und gemahlener
schwarzer Pfeffer (Winter)

Zuerst die Soße zubereiten, eine Zeitlang ziehen lassen und abschmekken.
Kartoffeln und Zwiebeln in einer großen Schüssel mischen und vorsichtig Zitronensaft, Sonnenblumenöl und Salz hinzufügen, stehen und ziehen lassen. Vorsichtig die Soße mit dem Salat vermengen. Mit gehackter Petersilie bestreuen.
Während des Sommers sind Gurken und Tomaten eine willkommene Zutat zum Kartoffelsalat. Mit Tomaten kann er ansprechend dekoriert werden.

Weißkohlsalate

Es ist schwierig zu sagen, wieviele Kohlköpfe für einen Weißkohlsalat gebraucht werden. Der Kohl wird entweder mit dem Kohlhobel oder mit der Küchenmaschine fein geschnitten und unter Zusatz von Salz gestampft; man stampft so lange, bis der Kohl anfängt, Saft zu bilden.

	10 Pers.	25 Pers.	150 Pers.
Weißkohl, gestampft	1 kg	2,5 kg	15 kg

Salatsoße 1:

	10 Pers.	25 Pers.	150 Pers.
Schwedenmilch	1 dl	2 dl	1 l
Sonnenblumenöl	3 EL	1 dl	3/4 l
Zitronen, Saft	1/2	1 – 2	8 – 10
Kümmel, gemahlen	1 TL	2 TL	2 – 3 EL
etwas Zucker oder Honig			

Salatsoße 2:

	10 Pers.	25 Pers.	150 Pers.
Öl	1 dl	2 dl	1 l
Essig	2 EL	1/2 dl	2 dl
Knoblauchzehen, durchgepreßt	1 St	2 – 3 St	10 – 15 St
Koriander, gemahlen	1/2 TL	1 TL	1 EL
Dill, frisch oder getrocknet			
etwas Zucker oder Honig			

Salatsoße 3:

	10 Pers.	25 Pers.	150 Pers.
Joghurt	3/4 dl	2 dl	1 l
saure Sahne	3/4 dl	2 dl	1 l
Zitronen, Saft	1/2	1	3 – 4
Senfpulver	1 TL	2 TL	2 – 3 EL
Muskatnuß, gerieben	1/2 TL	1 TL	2 – 3 EL
etwas Zucker oder Honig			
eventuell gehackte Petersilie			

Zuerst eine der Salatsoßen zubereiten, die vorsichtig gesalzen wird, da der Kohl schon mit Salz gestampft wurde. Die Soße dann mit dem Kohl gut vermengen.

Gemischte Salate mit Weißkohl

Weißkohl eignet sich gut als Grundlage für gemischte Salate, die aus verschiedenen rohen, gekochten oder milchgesäuerten Gemüsen bestehen können.

Vorschläge für gemischte Salate:

1. Weißkohl, Tomaten
2. Weißkohl, Paprikastreifen
3. Weißkohl, Fenchel, Tomaten
4. Weißkohl, Gurken
5. Weißkohl, Gurken, milchsaure Möhren
6. Weißkohl, gekochte Bohnen, Tomaten
7. Weißkohl, milchsaure Möhren, Äpfel

Die Salatsoße wird jeweils der Mischung und den Gerichten, die zu derselben Mahlzeit gereicht werden, angepaßt.

Weißkohlsalat mit Essiggurken

In einen Weißkohlsalat passen gut in Scheiben geschnittene Essiggurken oder milchsaure Gurken.

	10 Pers.	25 Pers.	150 Pers.
Weißkohl, gestampft	800 g	2 kg	25 l
Essiggurken oder milchsaure Gurken	200 g	1/2 kg	2,5 kg
Salatsoße:			
Sonnenblumenöl	1 dl	2 dl	1 l
Zitronen, Saft	1/4	1	3 – 4
Kümmel und Anis, zusammen gemahlen	1/2 TL	1 TL	2 EL
Dill, frisch oder getrocknet			
etwas Zucker oder Honig			

Die Salatsoße zubereiten und eine Zeitlang ziehen lassen. Die Gurken in Scheiben schneiden, mit dem gestampften Weißkohl mischen und die Soße unterziehen.

Weißkohl-Sauerkrautsalat

	10 Pers.	25 Pers.	150 Pers.
Weißkohl, feingeraffelt und gestampft	700 g	1,5 kg	15 l
Sauerkraut, abgetropft	300 g	1 kg	10 l

Salatsoße:

	10 Pers.	25 Pers.	150 Pers.
Sahne	1 dl	2 dl	1 l
Sonnenblumenöl	2 EL	1/2 dl	3 dl
Koriander, gemahlen	1/2 TL	1 TL	2 EL
Muskatnuß, gerieben	1/2 TL	1 TL	2 – 3 EL
Petersilie, gehackt			
etwas Zucker oder Honig			

Sahne und Öl leicht verschlagen und mit den Gewürzen abschmecken. Die Salatsoße etwas ruhen lassen, bevor sie über den mit Sauerkraut gemischten Weißkohl gegeben wird.

Milchsaure Salate

Sauerkraut und milchsaure Möhren können als Rohkost betrachtet werden, da alles Milchgesäuerte im höchsten Grad lebend ist – voll von Vitalstoffen.

Sauerkraut

Wenn man Sauerkraut servieren will, ist es gut, dieses kurz vor dem Servieren mit etwas Öl, Sahne oder Schwedenmilch zu übergießen. Frisches Sauerkraut kann nämlich so sauer sein, daß es auf der Zunge unangenehm wirkt; deshalb sollte man es in etwas Öl oder Sahne «einbinden». Gewöhnlich rechnet man mit 2 bis 3 EL Sauerkraut pro Person.

Sauerkraut mit Äpfeln

Sauerkraut und Äpfel zusammen ergeben eine wirklich angenehme Rohkost. Die Äpfel mildern die Säure, und das «Fruchtaroma» des Sauerkrauts wird unterstützt und hervorgehoben.

	10 Pers.	25 Pers.	150 Pers.
Sauerkraut, abgetropft *	750 g	1,8 kg	10 kg
Äpfel, grob geraffelt	300 g	1 kg	5 kg
Öl	1/2 dl	1,5 dl	3/4 l
alternativ: Sahne	1 dl	2,5 dl	1 l

* Den Sauerkrautsaft immer aufbewahren, zum Trinken oder als Säure für Salatsoßen usw.
Die Zutaten mischen und mit Öl oder Sahne übergießen.

Sauerkraut mit Sellerie und Äpfeln

	10 Pers.	25 Pers.	150 Pers.
Sauerkraut, abgetropft	500 g	1 kg	10 l
Sellerie, fein geraffelt	300 g	800 g	8 l
Äpfel, grob geraffelt	300 g	800 g	10 l
Fenchel, gemahlen	1/2 TL	1 TL	1 EL
etwas Salz			
Sonnenblumenöl	1/2 dl	2 dl	3/4 l
alternativ: Sahne	1 dl	2,5 dl	1 l

Das Sauerkraut mit dem feingeraffelten Sellerie und den grobgeraffelten Äpfeln mischen, gemahlenen Fenchel, etwas Salz und das Öl oder die Sahne (alternativ Schwedenmilch) zugeben und vorsichtig vermengen. Ist Petersilie zur Hand, wird sie gehackt und über den Salat gestreut.

Sauerkraut mit Grünkohl

	10 Pers.	25 Pers.	150 Pers.
Grünkohl, feingehackt	1/2 l	1,5 l	8 l
Sauerkraut, abgetropft	750 g	2 kg	15 l

Salatsoße:

	10 Pers.	25 Pers.	150 Pers.
Sonnenblumenöl	1/2 dl	1 dl	1/2 l
Schwedenmilch	1 dl	2 dl	1 l
Fenchel, gemahlen	1/2 TL	1 TL	1 EL
Muskatnuß, gerieben	1/2 TL	1 TL	3 EL
etwas Salz			
etwas Zucker			

Die gewaschenen Grünkohlblätter fein hacken und unter das Sauerkraut mischen. Die Soße zubereiten und über das Sauerkraut geben, behutsam vermischen. Dies ist ein sehr kräftiger Salat, von dem man keine größeren Mengen essen kann.

Milchsaure Möhren

Sie können so, wie sie sind, serviert werden, sollten aber möglichst mit etwas Öl oder Sahne vermischt werden. Das verfeinert den Geschmack. Milchsaure Möhren kann man nicht in größeren Mengen essen, man rechnet darum 1 dl pro Person, für 8 bis 10 Personen braucht man also 1 l.

Milchsaure Möhren mit Chicorée

	10 Pers.	25 Pers.	150 Pers.
Möhren, milchgesäuert	750 g	1,5 kg	12 l
Chicorée, in Streifen geschnitten	300 g	1 kg	12 l

Salatsoße:

	10 Pers.	25 Pers.	150 Pers.
Öl	1/2 dl	1 dl	1/2 l
Schwedenmilch	3/4 dl	2 dl	1 l
Anis, gemahlen	1/2 TL	1 TL	2 EL
Salz	1/2 TL	1 TL	2 EL
Zucker oder Honig	1/2 TL	1 TL	2 EL
Dill, frisch oder getrocknet			

Die Salatsoße zubereiten und über die Möhren und den Chicorée gießen, behutsam vermischen. Eine gute Salatmischung während des Winters.

Milchsaure Möhren mit Chinakohl

	10 Pers.	25 Pers.	150 Pers.
Möhren, milchgesäuert	750 g	1,5 kg	12 l
Chinakohl, quer in Streifen geschnitten	300 g	1 kg	15 l

Salatsoße:

	10 Pers.	25 Pers.	150 Pers.
Öl	3/4 dl	2 dl	1 l
Koriander, gemahlen	1/2 TL	1 TL	2 EL
schwarzer Pfeffer, gemahlen	ein Hauch	1/4 TL	1 TL
Salz	1/2 TL	1 TL	2 EL
Dill, frisch oder getrocknet			

Dieser Salat wird unmittelbar vor dem Servieren gemischt und sofort mit der Soße übergossen. Der Chinakohl enthält viel Wasser, das durch die Soße angezogen wird und sich am Boden der Salatschüssel absetzt.

Milchsaure Möhren mit Weißkohl

	10 Pers.	25 Pers.	150 Pers.
Möhren, milchgesäuert	500 g	1,5 kg	12 l
Weißkohl, fein geschnitten und mit Salz gestampft	600 g	1 kg	15 l

Salatsoße:

	10 Pers.	25 Pers.	150 Pers.
Öl	1/2 dl	1 dl	1/2 l
Schwedenmilch	3/4 dl	2 dl	1 l
Kümmel, gemahlen	1/2 TL	2 TL	2 EL

Dill, frisch oder getrocknet
etwas Zucker oder Honig

Die Soße zubereiten und behutsam mit den Möhren und dem Weißkohl mischen.

Milchsaure Möhren mit Gurke

	10 Pers.	25 Pers.	150 Pers.
Gurken	1	3	20
Möhren, milchgesäuert	750 g	2 kg	15 l
frische Kräuter (z.B. Zitronenmelisse und Dill oder Petersilie und Estragon)			
Öl	1 dl	2 dl	1 l

Die Gurken der Länge nach teilen und dann in 3 mm dicke Scheiben schneiden. Möhren und Gurken mischen. Die gehackten Kräuter und das Öl vorsichtig untermengen.

Griechischer Salat

Dieser Salat ist eigentlich ein richtiger Sommersalat. Er ißt sich sehr gut an einem heißen Tag, an dem man keine warme Mahlzeit braucht. Man kann ihn aber auch im Winter zubereiten und vorher eine warme Gemüsebrühe oder eine andere leichte Suppe servieren, die den Magen erwärmt. Das, was den Salat zu einem griechischen Salat macht, sind der Schafskäse und die schwarzen Oliven.

Klassischer griechischer Salat

	10 Pers.	25 Pers.	150 Pers.
Schafskäse	300 g	750 g	3,6 kg
Eisbergsalat	2	4	20
(nimmt man gewöhnlichen Kopfsalat, braucht man mehr)			
grüne Paprikaschoten	2	4 – 5	25
Gurken	2	4 – 5	25
reife Tomaten	1 kg	2,5 kg	10 – 15 kg
große Zwiebeln	2	4	20
(nimmt man Frühlingszwiebeln mit grünen Trieben, braucht man doppelt soviele)			
schwarze Oliven	150 g	400 g	2 kg

Salatsoße:

	10 Pers.	25 Pers.	150 Pers.
halb Oliven-/halb Sonnenblumenöl	1 dl	2 dl	1/2 l
Essig	2 EL	4 EL	3 dl
Salz, etwas Zucker			
Knoblauchzehen, durchgepreßt	1 St	2 – 3 St	10 – 15 St

Thymian, Basilikum, Petersilie, alles frisch
eventuell etwas gemahlener schwarzer Pfeffer

Zuerst die Salatsoße zubereiten und 1 Stunde ziehen lassen. Verwendet man getrocknete Kräuter, läßt man sie mitziehen, frische Kräuter gibt man erst zum Schluß dazu.
Den Schafskäse zum «Entsalzen» etwa 2 Stunden in Milch oder Wasser legen. Danach vorsichtig in Würfel schneiden, die kurz vor dem Servieren auf den Salat gelegt oder vorsichtig untergehoben werden.

Den Salat waschen und in Streifen schneiden, die Paprikaschoten putzen und in Streifen schneiden, die Gurken in dünne Scheiben schneiden und die Tomaten achteln. Die Zwiebeln fein hacken und mit etwas Olivenöl mischen. Gemüse und Zwiebeln behutsam vermischen und den Salat in Schalen oder auf Platten anrichten. Kurz vor dem Servieren die Soße, die Oliven und den Schafskäse darauf verteilen oder vorsichtig unterheben. Mit frischer, gehackter Petersilie und Basilikum bestreuen.
Dazu serviert man frisch gebackenes Brot.

Wintervariation des griechischen Salats

	10 Pers.	25 Pers.	150 Pers.
Schafskäse	300 g	750 g	3,6 kg
Weißkohl, gestampft	800 g	2 kg	15 l
Möhren, dünne Scheiben	400 g	1 kg	8 l
Bohnen, milchgesäuert (eventuell Salzgurken)	400 g	1 kg	8 l
Zwiebeln, feingehackt (mit etwas Olivenöl gemischt)	150 g	400 g	5 l
schwarze Oliven	200 g	500 g	2 kg

Salatsoße:

halb Oliven-/halb Sonnenblumenöl	1,5 dl	3 dl	12 dl
Zitronen, Saft	1	2	10 – 12
etwas Essig, eventuell etwas Salz			
etwas Zucker oder Honig			
Koriander, gemahlen	1 TL	2 TL	2 EL
etwas gemahlener schwarzer Pfeffer			
Thymian	1 TL	2 TL	2 – 3 EL
Knoblauchzehen, durchgepreßt	2 St	4 St	12 – 15 St

Zuerst die Salatsoße zubereiten und 1 Stunde ziehen lassen. Den Schafskäse zum «Entsalzen» 2 Stunden in Milch oder Wasser legen und dann vorsichtig in Würfel schneiden. Kurz vor dem Servieren das Gemüse und die Oliven in einer großen Schüssel mischen. Den Salat in Schüsseln legen und vorsichtig die Salatsoße und den Schafskäse unterheben. Vor diesem Salat wird gerne eine Gemüsebrühe oder eine leichte Suppe serviert.
Maizena in etwas kaltem Wasser anrühren und die Soße damit binden. Wenn man will, kann man etwas Sahne hinzufügen.

Getreidegerichte

Gekochter Naturreis

	10 Pers.	25 Pers.	150 Pers.
Naturreis	6 dl	1,5 l	10 l
Wasser	1,2 l	3 l	20 l
Salz	1 EL	2 EL	1 dl

Den Reis in heißem und dann in kaltem Wasser gründlich waschen, abtropfen und dann in feuchtem Zustand 1 bis 2 Stunden stehen lassen. Dann den Reis mit der doppelten Wassermenge kochen. Nach etwa 10 bis 15 Minuten das Salz hinzufügen und den Reis so lange bei geringer Wärmezufuhr kochen, bis alles Wasser aufgesogen ist (etwa 30 bis 45 Minuten). Danach darf der Reis gerne 1 Stunde quellen, ohne daß man darin rührt. Erst unmittelbar vor dem Servieren wird der Reis mit Hilfe einer großen Holzgabel und eines Holzlöffels aufgelockert.

Gekochter Naturreis, italienisch

	10 Pers.	25 Pers.	150 Pers.
Naturreis	6 dl	1,5 l	10 l
Olivenöl	1/2 dl	1 dl	5 dl
Wasser	1,2 l	3 l	20 l
Salz	1 EL	2 EL	1 dl

Den Reis wie oben angegeben waschen. Das Öl in der Kippbratpfanne oder in einem großen Topf mit dickem Boden erwärmen. Den Reis etwa 10 Minuten unter Rühren bei starker Wärmezufuhr «rösten», das Wasser hinzugeben und aufkochen. Später während des Kochens salzen.
Der Reis wird also in der Kippbratpfanne gekocht. Die Kochzeit beträgt dabei etwa 30 Minuten. Der Reis sollte dann noch 1/2 bis 1 Stunde nachquellen. Falls der Reis nicht genügend aufquellen sollte, kann eventuell während des Kochens oder Nachquellens mehr Wasser zugegeben werden.
Reis – auf diese Art gekocht – kann als Grundlage für Risotto dienen.

Griechischer Salat (S. 110) und Hafer-Sauerkrautsalat (S. 128) mit Öl-Zitronen-soße und Schwedenmilchsoße.

Risotto

Für Risotto verwendet man die Gemüsesorten der jeweiligen Jahreszeit oder diejenigen, die man gerade zur Hand hat.

Sommer: Tomaten, Paprika, Zwiebeln, Gurken und Möhren

Winter: Sellerie, Pastinaken, Möhren, Zwiebeln und eventuell Äpfel

Frühjahr: Zwiebeln, Möhren, frische Kräuter und frisches «Gemüsegrün»
(Sellerieblätter, Fenchelgrün usw.)

Eine indonesische Variante enthält Gemüse, geschälte Mandeln und Ananas und ist stark mit Curry gewürzt.

Risotto kann auf vielfältige Weise variiert und abgeschmeckt werden – Risotto ist sozusagen eine Art Eintopf mit Reis als Grundlage.
Man beginnt damit, den Reis auf italienische Art (siehe oben) zu kochen. Die gewünschten Gemüse werden separat angedünstet und dem Reis während des Kochens in der Kippbratpfanne zugefügt. Das Gericht wird mit Salz, Essig oder Zitronensaft, eventuell etwas Tamari und Kräutern abgeschmeckt.

Vorschläge für verschiedene Kräuter- und Gewürzkombinationen:

1. Basilikum, gemahlener Koriander, gemahlener schwarzer Pfeffer, geriebene Muskatnuß

2. Curry, Pfefferminze (besonders für süße Risottovarianten)

3. verschiedene frische Kräuter (zum Beispiel Ysop, Pimpinelle, Petersilie, Dill, Basilikum, Majoran)

Gekochte Hirse

Bevor die Hirse gekocht wird, muß sie sorgfältig mit heißem (am besten kochendem) Wasser gewaschen und dann in einem Sieb mit kaltem Wasser abgespült werden. Auf der Oberfläche des Hirsekorns befinden sich Saponine («Seifenstoffe»), die einen bitteren Beigeschmack verursachen können.

Man kann die Hirse, bevor man sie kocht, darren (siehe unten), d. h. im Backofen bei 125° trocknen (leicht rösten), bis sie ganz trocken ist und anfängt, Farbe anzunehmen; dann klebt sie beim Kochen nicht so leicht zusammen. Die Hirse wird in gut der doppelten Menge Wasser gekocht.

	10 Pers.	25 Pers.	150 Pers.
Hirse	6 dl	1,5 l	10 l
Wasser	1,5 l	3,6 l	20 – 22 l
Koriander (oder Fenchel), gemahlen	1 TL	2 TL	2 EL
Salz	1 EL	2 EL	1 dl

Die Kochzeit der Hirse beträgt etwa 20 Minuten (eher weniger), das Salz wird nach 10 Minuten Kochzeit hinzugefügt. Die Hirse sollte nach dem Kochen 20 Minuten nachquellen. Vor dem Servieren wird sie mit Hilfe einer großen Holzgabel und eines Holzlöffels aufgelockert.

Will man, daß die Hirse «locker» wird, ist es gut, sie in einem großen, flachen Topf zu kochen oder zum Beispiel in Formen im Backofen. Sie läßt sich auch gut – wie beim Reis beschrieben – in einer sauberen Kippbratpfanne kochen. Die Hirse kann auch (wie beim Reis, italienisch beschrieben) erst in Olivenöl «geröstet» und dann gekocht werden.

Darren

Wenn man das Getreide vor dem Kochen darrt, bekommt es mehr Aroma, wird leichter verdaulich, und die Kochzeit verkürzt sich. Vor allem Hafer und Gerste sollten gedarrt werden, bevor man sie zum Kochen verwendet. Man kann eine größere Menge Getreide auf einmal darren und dann trocken – am besten in geschlossenen Dosen – aufbewahren. Gedarrtes Getreide hält sich mehrere Monate.

Gerste, Roggen und Weizen sollten mehrere Male gewaschen und vor dem Darren 3 bis 8 Stunden eingeweicht werden.

1,5 dl Wasser oder Molke
1 l Getreide

Das eingeweichte Getreide bei Zimmertemperatur stehen lassen und ab und zu wenden, so daß alles von der Flüssigkeit durchdrungen und angefeuchtet wird. Nach der Einweichzeit wird das Getreide in ein Sieb gegeben, so daß übriggebliebene Flüssigkeit abtropfen kann.
Hafer, Reis und Hirse brauchen vor dem Darren nur gewaschen oder angefeuchtet zu werden.

Hafer braucht vor dem Darren nur angefeuchtet zu werden.

Das feuchte Getreide auf Bleche ausbreiten und bei 100° darren.

Ab und zu umrühren, so daß das Getreide gleichmäßig geröstet wird.

Unterschied zwischen gedarrtem und ungedarrtem Hafer

Das feuchte, abgetropfte Getreide wird in einer 1 bis 2 cm dicken Schicht auf Backbleche ausgebreitet und bei 100° bis 125° in den Backofen geschoben. Beim Darren kann man mehrere Bleche gleichzeitig im Ofen haben. Während des Darrvorgangs vertauscht man dann die Backbleche ab und zu, besonders dann, wenn die Wärme des Ofens unregelmäßig ist. Der Darrvorgang dauert 2 bis 2 1/2 Stunden und ist abgeschlossen, wenn das Getreide ganz trocken ist und etwas Farbe angenommen hat. Damit es gleichmäßig geröstet wird und nicht am Blech festklebt, wendet man ab und zu das Getreide.

Gedarrtes Getreide kann grob gemahlen für Grütze, fein gemahlen für Soßen und Suppen und als ganzes Korn zum Hauptgericht verwendet werden.

Gekochter Hafer

	10 Pers.	25 Pers.	150 Pers.
Hafer, gedarrt	6 dl	1,5 l	10 l
Wasser	1,2 l	2,8 – 3 l	18 – 20 l
Koriander und Fenchel, zusammen gemahlen	1 TL	2 TL	3 EL
Salz	1 EL	2 EL	1 dl
Bohnenkraut oder Majoran	1 TL	1 EL	5 EL
Butter	50 g	100 g	500 g
alternativ: Öl	1/2 dl	1 dl	5 dl

Hafer, als ganzes Korn gekocht, ist sehr wohlschmeckend und läßt sich in der Küche gut verwenden. Er sollte gedarrt werden, um sein Aroma richtig zu entfalten. Außerdem vermeidet man dadurch starke Schleimbildung, so daß der Hafer nicht mehr so leicht zusammenklebt. Gedarrter Hafer braucht vor dem Kochen nicht eingeweicht zu werden. Ganzer Hafer kann auch in feuerfesten Formen im Backofen gekocht werden.

Das Wasser aufkochen, Koriander, Fenchel und Hafer hinzugeben. So lange kochen lassen, bis alles Wasser aufgesogen ist (etwa 60 bis 90 Minuten); quillt das Getreide nicht genügend auf – die einzelnen Körner sollten anfangen, sich umzustülpen –, fügt man noch etwas Wasser hinzu und läßt den Hafer eine Weile weiterkochen. Danach gibt man Salz und Gewürze hinzu, zum Beispiel Bohnenkraut oder Majoran oder im Sommer eine Mischung aus frischen Kräutern.

Vor dem Servieren zieht man etwas Butter oder Öl unter den Hafer, lockert ihn mit einer Holzgabel auf und schmeckt mit etwas mehr Salz ab.

Gekochte Gerste

Will man Gerste zum Mittagessen servieren, sollte man dazu grob gemahlene Gerste nehmen. Die Gerste sollte vorher gedarrt werden. Gut ist es, wenn die Gerste etwas stärker geröstet wurde, dadurch bekommt sie mehr Farbe und Aroma. Im Handel gibt es eine grobgemahlene Gerste, die gedarrt wurde, unter der Bezeichnung Thermogerstengrütze. Sie kann direkt – ohne Einweichen – gekocht werden. Auch geröstete Gerstenflocken können als «lockeres Getreide» gekocht werden – am besten in feuerfesten Formen im Ofen.

	10 Pers.	25 Pers.	150 Pers.
Gerste, grob gemahlen	6 dl	1,5 l	10 l
Wasser	1,5 l	3,7 l	25 l
Koriander und Kümmel, zusammen gemahlen	1 TL	1 EL	3 EL
Salz	1 EL	2 EL	1 dl
Majoran und Petersilie (eventuell Ysop)			
Butter	50 g	100 g	500 g
alternativ: Öl	1/2 dl	1 dl	5 dl

Etwa 0,7 l/1,8 l/12 l ganze, gedarrte Gerste wird mit der Getreidemühle grob gemahlen, die feinen Mehlteile werden abgesiebt. Das ergibt etwa 0,6 l/1,5 l/10 l Gerstengrütze. Das Wasser mit Koriander und Kümmel aufkochen, die Gerstengrütze einrühren. Nach 20 Minuten Kochzeit, wenn fast alles Wasser aufgesogen ist, die Wärme abschalten und Salz und Kräuter hinzufügen.
Die Gerste mindestens 1 Stunde nachquellen lassen und dann Butter oder Öl vorsichtig unterziehen.
Vor dem Servieren das Getreide mit einer großen Holzgabel auflockern.
Die Grütze beim Anrichten mit Petersilie bestreuen.
Achtung! Gerstengrütze setzt sich am Anfang des Kochprozesses gerne am Boden ab und brennt dann leicht an. Es ist also nötig, ab und zu vorsichtig umzurühren.

Bratlinge aus Haferflocken

10 Pers./25 St – 25 Pers./60 St – 150 Pers./300 St

	10 Pers.	25 Pers.	150 Pers.
Haferflocken	7 dl	1,5 l	8 l
Mineralwasser (Sprudel)	6 – 7 dl	1,5 l	8 l

(kann durch Molke und Wasser ersetzt werden)

	10 Pers.	25 Pers.	150 Pers.
Zwiebeln	400 g	1 kg	6 kg
Quark	350 g	1 kg	6 kg

(kann durch die gleiche Menge passierten Gemüses wie Möhren, Pastinaken, Steckrüben, Blumenkohl usw. ersetzt werden)

	10 Pers.	25 Pers.	150 Pers.
Salz	1 TL	1 EL	1 dl
Koriander, gemahlen	1 TL	2 TL	4 EL
Muskatnuß, gerieben	1 TL	2 – 3 TL	4 EL
Thymian	2 TL	2 EL	10 EL

Dill, frisch oder getrocknet
etwas gemahlener schwarzer Pfeffer
Butter zum Braten

Die Haferflocken im Mineralwasser einweichen und mindestens 1/2 Stunde stehen lassen. Zwiebeln hacken oder reiben und zusammen mit dem Quark zu den eingeweichten Haferflocken geben. Mit Salz und Gewürzen abschmecken.
Wenn die Masse zu weich zum Formen ist, etwas trockene Haferflocken untermengen und etwas ruhen lassen, bevor man Bratlinge formt, die dann in Weizenmehl gewendet und in Butter gebraten werden.

Hafernußbratlinge

10 Pers./30 St – 25 Pers./60 St – 150 Pers./300 St

	10 Pers.	25 Pers.	150 Pers.
Haferflocken	1 dl	2,5 dl	2 l
Wasser	1 dl	2,5 dl	2 l
Hafer, gekocht	1 l	2,5 l	15 l
ungekocht	0,5	1,2	7,5 l
Haselnüsse, gemahlen	2 dl	3,5 dl	2 l
Quark	150 g	350 g	2 kg
Zwiebeln, gehackt	150 g	350 g	2 kg
etwas Olivenöl			
Koriander, gemahlen	1 TL	2 TL	4 EL
Muskatnuß, gerieben	1 TL	2 – 3 TL	4 EL
Thymian	2 TL	2 EL	8 – 10 EL

Salz
eventuell trockene Haferflocken
Butter oder Öl zum Braten

Die Haferflocken im Wasser einweichen, bevor sie zum Teig gegeben werden. Alle Zutaten zu einem mäßig festen Teig verarbeiten, der sich zu kleinen Bratlingen formen läßt. Wenn der Teig nicht fest genug ist, etwas trockene Haferflocken zugeben, um die richtige Konsistenz zu erhalten. Wenn man keine Milchprodukte verwenden will, kann man bei diesen Bratlingen den Quark weglassen und statt dessen dreimal soviel Haferflocken (und auch dreimal soviel Einweichwasser) verwenden. Die Haferflocken sollten mindestens 1 Stunde eingeweicht werden, um die richtige «klebrige» Konsistenz zu erhalten. Sorgfältig abschmecken!
Kleine Bratlinge formen, in Weizenmehl wenden und goldbraun braten. Die Bratlinge können auch im Ofen gebacken werden. Dazu werden sie auf gut gebutterte Bleche gelegt. Den Ofen auf 250° vorwärmen, und die Bleche 1 Stunde vor dem Servieren einschieben (jeweils nur 1 Blech pro Backofen!). Die Bratlinge nach 25 Minuten wenden und eventuell mehr Butter auf das Blech streichen, fertig backen und sofort servieren.

Hafernußbratlinge mit Kräutersoße, gekochten Bohnen und Möhrenrohkost.

Hirsebratlinge
10 Pers./25 St – 25 Pers./60 St – 150 Pers./300 St

	10 Pers.	25 Pers.	150 Pers.
Gemüse, gekocht (Sellerie, Steckrüben oder Weißkohl)	400 g	1 kg	6 – 7 kg
Hirse, gekocht	8 dl	2 dl	10 l
(ungekocht)	0,3 l	0,7 l	5 l
Quark	400 g	1 kg	5 kg
Buchweizenmehl	3 EL	1 dl	3/4 l
alternativ: angefeuchtete Haferflocken	1/2 l	1 l	3 l
Koriander und Fenchel, zusammen gemahlen	1 TL	2 TL	4 EL
Majoran	2 TL	2 EL	8 – 9 EL
Paprika	1 TL	2 TL	4 EL

ein Hauch Cayenne
Salz
Butter oder Olivenöl zum Braten

Das gekochte Gemüse zu Mus stampfen oder passieren und mit der gekochten Hirse und dem Quark vermengen. Etwas Buchweizenmehl hinzufügen, um eine bessere Bindung zu erreichen, so daß die Bratlinge während des Bratens nicht auseinanderfallen. Mit Gewürzen und Salz abschmecken.

Wenn die Masse zu weich ist, kann etwas Weizenmehl zugefügt werden. Bratlinge formen, in Weizenmehl wenden und in Butter oder Olivenöl braten.

Wenn man keine Milchprodukte verwenden will, kann man den Quark weglassen und die Gemüsemenge verdoppeln. Man muß dann besonders darauf achten, daß das Gemüse gut abtropft, bevor es zu Mus gestampft und mit den übrigen Zutaten vermengt wird.

Gerstenbratlinge

10 Pers./25 St – 25 Pers./60 St – 150 Pers./300 St

	10 Pers.	25 Pers.	150 Pers.
Gerstengrütze, gekocht	8 dl	2 l	10 l
ungekocht	3,5 dl	8 dl	4 l
Quark	300 g	700 g	4 kg
alternativ: dieselbe Menge gekochtes, passiertes Gemüse			
Zwiebeln	350 g	800 g	5 kg
Haselnüsse, gemahlen	2 dl	5 dl	2 – 3 l
Olivenöl	1 EL	3 EL	2 dl
Buchweizenmehl	2 – 3 EL	1 dl	1/2 l
alternativ: angefeuchtete			
Haferflocken	1/2 l	1 l	3 l
Salz			
Koriander und Kümmel, zusammen gemahlen	2 TL	3 TL	6 – 8 EL
Majoran	1 TL	2 TL	5 EL
Thymian	1 TL	2 TL	5 EL
Muskatnuß, gerieben	1/2 TL	1 - 2 TL	3 – 4 EL

eventuell gehackte Petersilie
Butter oder Olivenöl zum Braten

Die Gerstengrütze mit Quark, Zwiebeln, Nüssen, Olivenöl und Buchweizenmehl vermengen. Den Teig mit Salz und Gewürzen abschmecken. Wenn der Teig zu weich ist, kann man trockene Haferflocken oder Zwiebackmehl hinzufügen.
Den Teig etwas ruhen lassen, bevor er zu Bratlingen geformt wird, die man in Weizenmehl wendet und in Butter oder Olivenöl brät.

Roggenauflauf

	10 Pers.	25 Pers.	150 Pers.
Roggen, am besten gedarrt	5 dl	1,3 l	8 l
Wasser	1,2 l	3 l	18 l
Kümmel, ganz	1/2 TL	1 TL	1 EL
Anis, ganz	1/2 TL	1 TL	1 EL
Koriander, gemahlen	1/2 TL	1 TL	1 EL
Lorbeerblatt	2 St	5 St	20 St

Der Roggen muß nicht unbedingt gedarrt werden, aber ist er es nicht, so muß er 3 bis 8 Stunden eingeweicht werden, bevor er gekocht wird.

Das Wasser mit den Gewürzen aufkochen, den Roggen hinzugeben und 1 bis 2 Stunden kochen lassen, bis alles Wasser aufgesogen ist. Mindestens 1 Stunde nachquellen lassen. Der Roggen kann am Tage vorher gekocht werden, so daß er abkühlen kann, bevor er weiter verarbeitet wird. Der gekochte Roggen wird vermengt mit:

	10 Pers.	25 Pers.	150 Pers.
Quark	350 g	800 g	4 – 5 kg
alternativ:			
geriebener Käse und	150 g	400 g	2 kg
Schwedenmilch	0,5 l	1 l	5 l
Olivenöl	1/2 dl	1,5 dl	3/4 l
Kümmel, gemahlen	1 TL	3 TL	2 EL
Paprika	1 TL	3 TL	3 – 4 EL
Cayenne (Vorsicht! Stark!)	ein Hauch	ein Hauch	2 – 3 TL
Kräutersalz	1 EL	2 EL	1/2 dl
Salz	1 EL	2 EL	1/2 dl

eventuell etwas Gemüsebrühe-Extrakt
Butter

Die Zutaten vermengen und mit den Gewürzen abschmecken.

Die Masse in gut gefettete, feuerfeste Formen verteilen, mit Paprika bestreuen und mit Butterscheiben belegen. Mit dem Käsehobel die Scheiben schnell von der festen Butter schneiden.

Bei knapp 200° etwa 1 1/2 Stunden backen.

Zum Roggenauflauf können Sauerkrautsalat und gekochte, in Butter geschwenkte Möhren serviert werden.

Hirseauflauf

Hirseauflauf kann auf vielfältige Art zubereitet werden. Die Phantasie spielen lassen! Hirseauflauf ist eine gute Alternative, wenn man gekochte Hirse übrig hat.

	10 Pers.	25 Pers.	150 Pers.
Hirse, gekocht (1 l gekochte Hirse = 4,5 dl ungekocht)	1 l	2,5 l	16 l
Quark	350 g	800 g	5 kg
alternativ:			
geriebener Käse und	150 g	400 g	2 kg
Schwedenmilch	0,5 l	1 l	5 l
Öl	1/2 dl	1 dl	1/2 l
Koriander, gemahlen	1 TL	2 TL	5 EL
Petersilie oder Dill	1 TL	2 TL	5 EL
Majoran oder Thymian	1 – 2 TL	2 – 3 TL	5 EL
Kräutersalz			

Die Zutaten gut vermengen.

Vorschläge für Füllungen:

1. 3/8/40 in Ringe geschnittene, in Butter angedünstete Lauchstangen, mit Basilikum und gemahlenem schwarzem Pfeffer abgeschmeckt.

2. 3/8/40 gehackte, in Butter angedünstete Zwiebeln.

3. 300 g/800 g/5 kg geraffelter Sellerie und geraffelte Steckrüben, in Butter angedünstet und mit Senfpulver und Petersilie abgeschmeckt.

4. 400 g/1 kg/6 kg in Scheiben geschnittene Tomaten und gehackte Petersilie.

Den Boden gut gefetteter feuerfester Formen mit einer Schicht Hirse bedecken, die Tomatenscheiben oder eine der anderen Füllungen darauf verteilen und mit einer Schicht Hirse bedecken. Mit Butterflöckchen belegen und bei 200° etwa 1 1/4 Stunde backen.

Haferauflauf

	10 Pers.	25 Pers.	150 Pers.
Hafer, gekocht	1,3 l	3 l	20 l
ungekocht	0,6 l	1,5 l	10 l
Quark	350 g	800 g	5 kg
Olivenöl	1/2 dl	1 dl	3/4 l
Koriander, gemahlen	1 TL	2 TL	3 EL
Muskatnuß, gerieben	1/2 TL	1 – 2 TL	3 – 4 EL
Petersilie oder Dill, gehackt	1 TL	2 – 3 TL	5 EL
Majoran oder Thymian	2 TL	2 EL	6 – 8 EL
Salz			
eventuell einige EL Gemüsebrühe-Extrakt			

Die Zutaten vermengen und die Masse in gut gefettete Auflaufformen verteilen. Mit Butterflöckchen belegen und bei 225° etwa 1 Stunde bakken.

«Nötfärs»

10 Pers./1 St – 25 Pers./3 St – 150 Pers./18 St (Formen)

	10 Pers.	25 Pers.	150 Pers.
Rote Bete, gekocht	350 g	1,5 kg	5 kg
Sellerie, gekocht	350 g	1,5 kg	5 kg
Haselnüsse, gemahlen	350 g	1,5 kg	5 kg
Zwiebeln, gerieben	200 g	500 g	3 kg
Eier	1 – 2 St	3 – 4 St	15 St
Olivenöl	3 EL	1 dl	3 dl
Koriander, gemahlen	1 TL	2 TL	4 EL
Muskatnuß, gerieben	1 TL	2 TL	4 EL
Thymian	1 TL	2 TL	5 EL
Majoran	1 TL	2 TL	5 EL
etwas gemahlener schwarzer Pfeffer			
Salz			
Backpflaumen, eingeweicht	300 g	800 g	4 kg
Apfelspalten	300 g	800 g	4 kg

Das Gemüse passieren oder zu feinem Mus stampfen. Gemahlene Nüsse, passiertes Gemüse, Zwiebeln, Eier, Öl, Gewürze und Salz gut vermengen.

Die feuerfesten Formen für «Nötfärs» sollten nicht zu groß sein. Eine Form für 8 bis 10 Personen ist günstig. In die gut gefetteten Formen gibt man eine Schicht der Gemüse-Nußmasse, darauf verteilt man Backpflaumen und Apfelspalten und deckt mit einer Schicht Gemüse-Nußmasse zu. Mit einigen Butterflöckchen belegen und bei 200 ° etwa 1 1/4 Stunde backen. «Nötfärs» ist eine Festmahlzeit, die zu Weihnachten gerne mit Rotkohl und Kartoffeln serviert wird.

Hirsepizza

10 Pers./1 Blech – 25 Pers./3 Bleche – 150 Pers./ 15 Bleche

	10 Pers.	25 Pers.	150 Pers.
Hirse, gekocht	1,5 l	3,5 l	20 l
(ungekocht)	0,6 l	1,5	8 l
Quark	2 dl	500 g	3 kg
Weizenmehl	1 dl	2,5 dl	1,5 l
etwas Olivenöl			
Salz			
Koriander, gemahlen	1 TL	2 TL	4 E L

Aus den Zutaten einen Teig bereiten, gut durcharbeiten, so daß er zusammenhält – eventuell mehr Weizenmehl hinzufügen. Den Teig 1 1/2 cm dick auf gut gefettete Bleche streichen.

Vorschläge zum Belegen:
1. Tomatenscheiben, gehackte Zwiebeln, durchgepreßter Knoblauch, gehackte Petersilie und geriebener Käse.
2. Leicht angedünstete Lauchringe, geraffelter Sellerie, etwas geriebene Muskatnuß, gehackte Petersilie, geriebener Käse.
3. geraffelter Sellerie, geraffelte Möhren, Sauerkraut, Basilikum, Dillblüten, gemahlener schwarzer Pfeffer und geriebener Käse.
Den Hirseboden mit dem Gemüse belegen und mit geriebenem Käse bestreuen. Bei 250° bis 275° etwa 30 Minuten backen.

Gerstenpizza

Wie bei der Hirsepizza kann eine Pizza auch aus Resten gekochter Gerstengrütze zubereitet werden.

Salate mit gekochtem Getreide

Wenn ein Getreidesalat schmackhaft werden soll, darf der Getreideanteil nicht zu groß sein, aber Gemüse und Früchte sollten reichlich verwendet werden. Ein Getreidesalat paßt gut als Abendessen oder als Sommermahlzeit. Zu einem solchen Salat kann man eine Soße aus saurer Sahne oder Quark reichen.

Hafer-Sauerkrautsalat

	10 Pers.	25 Pers.	150 Pers.
Hafer, als ganzes Korn gekocht	4 dl	2 l	10 l
Sonnenblumenöl	1/2 dl	1 dl	1/2 l
Sauerkraut, abgetropft	8 dl	1,5 dl	8 l
Äpfel, grob geraffelt	8 dl	1,5 l	8 l
Salz			
Koriander, gemahlen	1 TL	2 TL	4 EL
Muskatnuß, gerieben	1/2 TL	1 TL	2 EL

eventuell frische Petersilie, gehackt
oder ein anderes frisches Gewürzkraut

Den Hafer mit dem Öl mischen und dabei so lockern, daß keine Haferklumpen mehr vorhanden sind, dann mit dem Sauerkraut, den grob geraffelten Äpfeln, Salz und Gewürzen vermengen.
Im Sommer, wenn es frische Kräuter gibt, schmeckt man den Salat selbstverständlich mit gehackten frischen Kräutern ab.
Zu diesem Salat reicht man eine Soße aus saurer Sahne oder Quark.

Andere Hafersalate

Mit gekochtem Hafer als Grundlage kann man viele verschiedene Salate zubereiten.

Einige Vorschläge:

1. Hafer, milchsaure Bohnen, Chinakohl
2. Hafer, gekochte Bohnen, Tomaten, gehackte rohe Zwiebeln
3. Hafer, milchsaure Möhren, Gurken
4. Hafer, gekochte Möhren, Sauerkraut

Reissalate

Reis eignet sich auch gut als Grundlage für diese Art von Salaten, und die Rezepte sind ungefähr die gleichen wie für Hafer.

Soßen

An der Soße erkennt man den Koch! Es ist eine schwierige Sache, Rezepte
für Soßen anzugeben. Eine wirklich geglückte Soße herzustellen, hängt
eng zusammen mit Fingerspitzengefühl und einem lebendig wachen Sinn
für Geschmack, Aussehen und Konsistenz der ganzen Mahlzeit.
Die Soße ist ein wichtiger Teil der Mahlzeit. Sie soll ein Verbindungsglied
sein zwischen Getreide, Gemüse und Salat. Sie soll also im Geschmack zu
allen Komponenten der Mahlzeit passen und diese zu einer Ganzheit
verbinden.

Kalte Soßen

Im Kapitel über Salate gibt es auch Rezepte für Soßen mit Kräutern. Eine
Salatsoße wird selbstverständlich dem Salat angepaßt, aber sie muß auch
zu den übrigen Gerichten der Mahlzeit passen, wenn der Salat nicht als
separater Gang serviert wird.

Saure Sahnesoße

Dies ist eine sehr exklusive Soße, aber man kann die saure Sahne teilweise durch Schwedenmilch (oder Joghurt) ersetzen. Man rechnet etwa 1/2 l
für 10 Personen, 1,5 l für 25 Personen und 8 l für 150 Personen.
Beim Würzen der sauren Sahne ist man vielleicht nicht ganz so unge-
hemmt wie bei der Schwedenmilch-Ölsoße. Saure Sahne hat einen feinen
Eigengeschmack, man muß daher mit dem Würzen etwas zurückhalten-
der sein. Man kann sich zum Beispiel damit begnügen, nur ein oder zwei
Kräuter zu verwenden (zum Beispiel wählen zwischen Dill, Pfefferminze,
Estragon, Zitronenmelisse oder Basilikum), und in anderen Teilen der
Mahlzeit viele Kräuter verwenden, zum Beispiel im Salat.
Eine saure Sahnesoße sollte immer ein geschmacklich reines und frisches
Element der Mahlzeit sein.

Schwedenmilchsoße mit Öl

Dadurch, daß man das Öl in feinem Strahl unter kräftigem Schlagen mit dem Schneebesen in die Schwedenmilch einlaufen läßt, erhält man eine Soße mit einer cremigeren Konsistenz und einem kräftigeren Geschmack als nur mit Schwedenmilch; sie wird majonaiseartig – ohne Eier.
Bei dieser Soße hat man zahlreiche Möglichkeiten, mit Kräutern zu experimentieren. Gerade in dieser Soße können die Kräuter auf beste Weise zum Ausdruck kommen. Es ist schwierig, im Rezept genaue Mengen und Zusammenstellungen von Kräutern anzugeben. Hier müssen Mut, Phantasie und Geschmack den Ausschlag geben.

	10 Pers.	25 Pers.	150 Pers.
Schwedenmilch	8 dl	2 l	10 l

alternativ: saure Sahne und Joghurt
oder saure Sahne und Buttermilch

| Öl . . . . | 1 dl | 2 dl | 1 l |

etwas Salz
etwas Honig oder Zucker

Vorschläge für Kräuterkompositionen:

1. Zitronenmelisse, Pfefferminze, Dill
2. Ysop, Borretsch, Dill
3. Basilikum, Majoran, Petersilie
4. Kerbel, Estragon, Schnittlauch
5. Majoran, Bohnenkraut, Borretsch

Schwedenmilch und Öl wie oben angegeben verschlagen, mit Salz und Honig abschmecken. Die Kräuter waschen und grobe Stengelteile entfernen. Die Kräuter schnell hacken und unter die Soße ziehen. Sorgfältig abschmecken!
Für alle, die keine Möglichkeit haben, Schwedenmilch zu bekommen – sie wird bisher nur von einer Molkerei in Demeter-Qualität hergestellt –, sei hier gesagt, daß sich anstelle von Schwedenmilch andere Sauermilchprodukte verwenden lassen, zum Beispiel eine Mischung aus saurer Sahne und Joghurt oder aus saurer Sahne und Buttermilch. Auch gewöhnliche Sauermilch läßt sich verwenden, sie sollte aber gut mit dem Schneebesen durchgeschlagen werden, bevor man sie benutzt.

Quarksoße

Für die Quarksoße – wie überhaupt zum Kochen – sollte immer frischer Quark verwendet werden. Quark paßt gut zu verschiedenen Gemüse- und Getreidegerichten und ist ernährungsmäßig gesehen die perfekte Ergänzung.

Quark kann recht schwer und «dicht» sein, aber wenn man ihn lange mit dem Schneebesen schlägt (Küchenmaschine) – gerne 1 Stunde –, wird er luftiger und leichter. Wenn er zu dick ist, kann etwas Schwedenmilch (Joghurt) zugefügt werden.

Auch eine Quarksoße gibt uns viele Möglichkeiten, frische Kräuter zu verwenden.

	10 Pers.	25 Pers.	150 Pers.
Quark	800 g	2 kg	12 – 15 l
Öl	3/4 dl	1,5 dl	3/4 l

Salz
etwas Honig oder Zucker

Den Quark mit Hilfe der Küchenmaschine lange schlagen. Öl, Salz und Honig hinzufügen und noch eine Weile weiterschlagen. Mit Kräutern abschmecken:

Frühjahr: Liebstöckel, Dill, Pimpinelle, etwas gemahlener schwarzer Pfeffer, etwas Zitronensaft
(Wenn man Zitronensaft zum Quark geben will, darf man ihn nur vorsichtig nach dem Schlagen hinzufügen, da der Quark sonst anfängt zu gerinnen und auszuflocken.)

Sommer 1: Majoran, Zitronenmelisse, Petersilie, Salbei

Sommer 2: Basilikum, Kerbel, Ysop, Dill

Sommer 3: Bohnenkraut, Petersilie, Majoran

Herbst: Petersilie, Paprika, Thymian, Zitronensaft

Winter 1: Knoblauch, Basilikum, Dill

Winter 2: gemahlener Koriander, gemahlener schwarzer Pfeffer, Majoran, Dill

Kräuterbutter

10 Pers./200 –250 g – 25 Pers./750 g – 150 Pers./3–3,5 kg

Das wichtigste bei der Kräuterbutter ist, daß sie gut geschlagen, luftig und leicht sein soll. Das kann man nur mit Hilfe einer Küchenmaschine und mit einer größeren Menge Butter erreichen.
Die Butter 1/2 Stunde schlagen und dann mit Salz, etwas Zitronensaft und frischen oder getrockneten Kräutern abschmecken.

Kräutervorschläge:

Sommer 1: Dill, Bohnenkraut, Minze
Sommer 2: Ysop, Petersilie, Kerbel, Zitronenmelisse
Sommer 3: Basilikum, Majoran, Estragon, Dill

Winter 1: Paprika, gemahlener schwarzer Pfeffer, Basilikum
Winter 2: Dillblüten, Knoblauch, Majoran
Winter 3: gemahlener Senf, Estragon, Basilikum, gemahlener schwarzer Pfeffer.

Warme Soßen

Eine richtige Soße wird heutzutage oft als etwas Veraltetes und Unnützes, das zum Fleisch gehört, betrachtet. Aber eine warme Soße zu einem vegetarischen Gericht kann sowohl gut (vollmundig im Geschmack) als auch nutzbringend sein. Sie muß nur auf die rechte Art zubereitet sein. Es gibt unzählige Arten, eine Soße zuzubereiten, und es sind oft die kleinen, individuellen Einzelheiten und Kniffe, die den Unterschied ausmachen.

Die traditionelle Art, eine Soße herzustellen, beginnt mit der sogenannten Mehlschwitze: Man erhitzt Butter, rührt Mehl ein und rührt, bis sich beides gut verbunden hat. Dann wird nach und nach unter ständigem Rühren mit der Flüssigkeit (Brühe, Wasser oder Milch) aufgefüllt. Auf diese Weise erhält man eine wohlschmeckende und fette Soße, die nicht sehr nutzbringend ist, da Mehl und Butter bei hohen Temperaturen (über 100°) eine Verbindung eingehen, die schwer verdaulich ist.

Es gibt aber auch eine andere, moderne Art, eine Soße zuzubereiten. Das Mehl wird dabei mit Sahne, Wasser, Milch oder Molke angerührt und die Soße damit gebunden. Die Flüssigkeit für die Soße wird aufgekocht und das angerührte Mehl mit dem Schneebesen eingerührt, dann läßt man die Soße eine kurze Zeit kochen. Bei dieser Art der Zubereitung kann es jedoch schwierig sein, den «Mehlgeschmack» wegzubringen. Diesen «Mehlgeschmack» kann man jedoch vermeiden, wenn man das Mehl etwas röstet, bevor man es zum Binden von Soßen verwendet.

Man kann aber auch ungeröstetes Mehl zum Binden nehmen. Dann sollte es aber mit Sahne und eventuell einem Teil Wasser angerührt werden, da Sahne den Mehlgeschmack aufhebt, besonders wenn das angerührte Mehl eine Weile stehen und quellen kann, bevor es in die kochende Flüssigkeit eingerührt wird. Will man Sahne als Zutat meiden (zum Beispiel bei Diätkost), sollte das Mehl geröstet werden. Das geröstete Mehl wird dann mit Wasser und Öl angerührt.

Rösten von Mehl für Soßen

1,3 dl Mehl für 1 l Soße

Das Mehl auf einem Backblech ausbreiten und bei 200° in den Backofen schieben (mittlere Schiebeleiste). Nach 5 bis 10 Minuten umrühren und eventuelle Klumpen zerdrücken (das Wasser wird beim Rösten herausgezogen, dadurch kann das Mehl Klumpen bilden). Nach weiteren 5 bis 10 Minuten (inzwischen ab und zu umrühren) ist das Mehl recht trocken. Wenn das Mehl anfängt zu duften und an den Kanten des Bleches anfängt, hellbraun zu werden, ist es fertig geröstet.

Geröstetes Mehl gibt der Soße Aroma und läßt den «Mehlgeschmack» verschwinden. Nach dem Abkühlen wird das Mehl durchgesiebt, so daß alle Klümpchen verschwinden. Dieses Mehl kann man nun mit Sahne, Wasser oder Molke anrühren.

Tip! Am besten gleich eine größere Menge Mehl auf einmal rösten und in geschlossenen Dosen als «Mehl für Soßen» aufbewahren.

Über Brühe oder Soßenflüssigkeit

Wenn eine Soße kräftig gewürzt werden soll – zum Beispiel mit Käse, Sahne und/oder starken Gewürzen –, kann man Wasser als Soßenflüssigkeit verwenden. Man kann auch halb Wasser, halb Molke nehmen. Will man Molke für eine Soße verwenden, so gibt man diese immer zum Schluß hinzu, nachdem die Soße gebunden und gekocht wurde. Kocht man Molke und mineralhaltige Flüssigkeit, flockt sie aus.

Man kann auch Gewürze und Kräuter mit dem Wasser für die Soße aufkochen, zum Beispiel Lorbeerblätter, Koriander, Pfefferkörner oder ein Kräutersträußchen aus dem Garten, zum Beispiel mit Liebstöckel, Dill, Ysop und Kerbel. Das gibt dem Wasser Geschmack.

Will man eine Soße zubereiten, die nicht so kräftig gewürzt werden soll, zum Beispiel eine Béchamel-, Zitronen- oder Dillsoße, kann es angebracht sein, eine kräftige «Soßenbrühe» zu kochen. Wenn man Schalenteile und Gemüsereste von zum Beispiel Weißkohl, Sellerie, Pastinaken, Möhren, Lauch, Äpfeln usw. hat, werden diese gewaschen und zu einer Brühe ausgekocht. Man kocht auch einige Gewürze mit, zum Beispiel Lorbeerblätter, Kümmel, Koriander, Senfkörner, Petersilie. Im Sommer kann man auch die Stengel der Kräuter, die in der Küche gebraucht werden, mit auskochen. Man sollte diese Brühe einfach so abschmecken, wie es zur jeweiligen Soße paßt.

Das Kochwasser von Gemüse bewahrt man immer für Soßen auf.

Eine eingehendere Beschreibung für das Herstellen einer Gemüsebrühe ist im Kapitel über Suppen zu finden.

Weiße Grundsoße

10 Pers./2 l – 25 Pers./5 l – 150 Pers./30 l

	10 Pers.	25 Pers.	150 Pers.
Weizenmehl, geröstet	2 dl	5,5 dl	3 l
Sahne (und etwas Wasser)	2 – 3 dl	4 – 5 dl	2 l
Wasser	1 l	2,5 l	15 l
(etwas mehr, wenn man keine Molke verwendet)			
Lorbeerblatt, Koriander, einige ganze schwarze Pfefferkörner			
Salz			
Zuckerwürfel (können			
weggelassen werden)	2 St	4 St	12 St
Butter	1 EL	50 g	300 g
Molke (oder Wasser)	3 dl	1 l	5 l

Das Mehl rösten, durchsieben, mit etwas Salz mischen und mit der Sahne und etwas Wasser anrühren. So verrühren, daß keine Klumpen entstehen. Sollten sich doch Klumpen bilden, das angerührte Mehl durch ein Sieb pressen, bevor die Soße damit gebunden wird.

Das Wasser mit den Gewürzen aufkochen und nach 15 Minuten Kochzeit absieben. Aufkochen und das angerührte Mehl mit dem Schneebesen in die Flüssigkeit einrühren, kräftig durchschlagen. Nun die Soße unter ständigem Rühren mit dem Holzlöffel aufkochen. Eine Soße darf man niemals auf dem Herd stehend sich selbst überlassen, sondern man rührt ständig so, daß der Boden des Topfes «sauber» bleibt und die Soße nicht anbrennt. Nach 5 Minuten Kochzeit werden Salz, Zucker und Butter hinzugefügt, und die Soße darf nochmals 5 Minuten kochen. Die Soße ist jetzt recht dick; man gibt nun die Molke oder mehr Wasser hinzu, bis die gewünschte Konsistenz erreicht ist. Wieder bis kurz vor den Siedepunkt bringen, aber mit der Molke nicht mehr kochen lassen. Die Wärme abschalten (den Topf eventuell vom Herd nehmen) und die Soße ziehen lassen.

Béchamelsoße

10 Pers./2 l – 25 Pers./5 l – 150 Pers./30 l

Eine klassische Béchamelsoße ist eine weiße Soße, die man wie die vorhergehende Grundsoße zubereiten kann. Gewöhnlich ist jedoch die Grundlage Milch statt Wasser.

	10 Pers.	25 Pers.	150 Pers.
Wasser	1 l	2.5 l	15 l
Lorbeerblatt	3 St	8 St	20 St
Petersilie			
Weizenmehl, geröstet	2,5 dl	6 dl	3,5 l
Sahne (und etwas Wasser)	2 dl	4 dl	2 l
Muskatnuß, gerieben			
etwas gemahlener schwarzer Pfeffer			
Salz			
Zuckerwürfel	2 St	4 St	12 St
(können weggelassen werden)			
Milch	5 dl	1,5 l	7 l
(kann durch Molke ersetzt werden, aber dann wird die Soße saurer)			
Zitronen, Saft	1/4	1/2	3 – 4
Butter	1 EL	50 g	300 g

Das Wasser mit Lorbeerblatt und Petersilie aufkochen. Geröstetes Weizenmehl mit Sahne und Wasser anrühren. Eine Weile stehen lassen, und dann mit dem Schneebesen ins kochende Wasser einrühren. Die Soße unter ständigem Umrühren 5 Minuten kochen lassen.
Mit Gewürzen, Salz und Zucker abschmecken und die Milch hinzugeben. Die Soße bis zum Siedepunkt erhitzen und mit Zitronensaft und Salz abschmecken. Die Butter hinzufügen.

Senfsoße

10 Pers./2 l – 25 Pers./5 l – 150 Pers./30 l

Eine weiße Grundsoße zubereiten. Dabei kocht man Lorbeerblätter und Senfkörner mit der Flüssigkeit auf. Man kann für diese Soße gut Molke verwenden, da eine Senfsoße gerne süß-sauer sein darf.
Die weiße Grundsoße mit gemahlenem Senf, Zucker, Salz und Essig abschmecken. Etwas extra Sahne oder Butter schaden der Soße nicht.

Meerrettichsoße

10 Pers./2 l – 25 Pers./5 l – 150 Pers./30 l

Eine weiße Grundsoße zubereiten und mit geriebenem Meerrettich, etwas geriebener Muskatnuß und gemahlenem Koriander, Salz, Zitronensaft und einigen Zuckerwürfeln abschmecken. Den Geschmack mit etwas Sahne abrunden.
Die Soße nicht mehr kochen lassen, sobald man den Meerrettich hinzugegeben hat. Sie wird sonst leicht bitter.

Dillsoße

10 Pers./2 l – 25 Pers./5 l – 150 Pers./30 l

Eine Dillsoße erfordert, wenn sie richtig schmackhaft werden soll, daß die Brühe der Grundsoße sorgfältig abgeschmeckt wird, zum Beispiel mit Liebstöckel, Dillstengeln, Koriandersamen, Pfefferkörnern, Lorbeerblatt und Salz. Die Brühe nach 15 Minuten Kochzeit (und etwas Zeit zum Ziehen) abseihen und eine Grundsoße nach dem Rezept auf S.136 zubereiten. Für eine Dillsoße nimmt man nur wenig oder gar keine Molke. Die Grundsoße abschmecken mit:

etwas gemahlenem schwarzem Pfeffer
gemahlenem Koriander
etwas Zucker
Salz
etwas Sahne

Kurz vor dem Servieren gibt man reichlich frisch gehackten oder getrockneten Dill in die Soße.

Kräutersoße

10 Pers./2 l – 25 Pers./5 l – 150 Pers./30 l

Eine weiße Grundsoße (S. 136) kann mit fast allen Kräutern abgeschmeckt werden. Die Grundsoße sollte in diesem Fall aus Wasser und Sahne – ohne Milch – zubereitet werden.

Eine Kräutersoße schmeckt man entweder so ab, daß man eine Kräuterkomposition zusammenstellt, bei der kein einzelnes Gewürzkraut im Geschmack hervortritt, oder man läßt ein Gewürzkraut hervortreten, während die übrigen den Hintergrund bilden.

Wenn man Brühe für eine Kräutersoße kocht, läßt man immer die gleichen Kräuter mitkochen oder in der Brühe ziehen, die man später auch – kurz vor dem Servieren – der Soße in feingehackter Form hinzufügt.

Beispiel 1: Für die Brühe: Lorbeerblatt, Koriander (ganz), Fenchel (ganz), Dill, Ysop, Kerbel, Zitronenmelisse. Gehackte Kräuter zum Abschmecken: Viel Ysop und als Hintergrund Dill, Kerbel und Zitronenmelisse.

Beispiel 2: Für die Brühe: Lorbeerblatt, Koriander (ganz), etwas Liebstökkel, Kerbel, Basilikum, Petersilie. Gehackte Kräuter zum Abschmecken: Basilikum, Majoran, Petersilie, Salbei, Kerbel.

Zitronensoße

	10 Pers.	25 Pers.	150 Pers.
Weiße Grundsoße (S. 136)	2 l	5 l	30 l
Muskatnuß, gerieben	1/2 TL	1 TL	2 EL
eventuell gehackter Dill			
ein Hauch schwarzer Pfeffer			
Salz			
Zuckerwürfel (können weggelassen werden)	2 St	5 St	12 St
Zitronen, Saft	1 – 2	2 – 3	10 – 15
Sahne	2 dl	1/2 l	2 l

Die Soße mit Gewürzen, Salz und eventuell einigen Zuckerwürfeln abschmecken.

Kurz vor dem Servieren den Zitronensaft und die Sahne hinzufügen.

Currysoße I

10 Pers./2 l – 25 Pers./5l – 150 Pers./30 l

Eine weiße Grundsoße (s. S. 136) zubereiten und mit Curry, Salz, Zucker und Zitronensaft oder Essig abschmecken. Diese Soße kann gut mit viel Molke hergestellt werden.

Käsesoße

	10 Pers.	25 Pers.	150 Pers.
Weiße Grundsoße	1,5 l	4 l	25 l
Muskatnuß, gerieben	1/2 TL	1 TL	2 EL
Zitronen, abgeriebene Schale	1/2	1	6 – 7
Käse, gerieben	250 g	500 g	3 kg

etwas Zitronensaft
Salz
einige Zuckerwürfel (können auch weggelassen werden)
etwas Sahne

Eine Grundsoße aus Wasser, Sahne und geröstetem Weizenmehl zubereiten, mit geriebener Muskatnuß und abgeriebener Zitronenschale abschmecken.
Den geriebenen Käse unter die heiße Soße ziehen. Die Soße muß fertig sein und darf nicht mehr kochen, nachdem man den Käse hinzugegeben hat. Ab und zu umrühren, während der Käse schmilzt. Die Soße dann etwas stehen und ziehen lassen, bevor sie serviert wird.
Mit Zitronensaft, Salz, eventuell mehr Muskatnuß, Zucker und etwas Sahne abschmecken.

«Eingekochte» Soßen

Eine andere Art, Soßen zuzubereiten, ist es, verschiedene Gemüse – oft sind es wasserreiche – anzudünsten und zu einer Soße «einzukochen».

Currysoße 2

	10 Pers.	25 Pers.	150 Pers.
Olivenöl	1 dl	2 dl	1 l
Curry (die Menge ist abhängig von der Stärke des Currys)	1,5 TL	3 TL	3 – 5 EL
Knoblauchzehen	2 St	4 St	15 St
Zwiebeln, gerieben	400 g	1 kg	6 kg
Äpfel, gerieben	800 g	2 kg	12 kg
Wasser	8 dl	2 l	10 l
etwas Zitronensaft			
Salz			
etwas Zucker			
Maizena	2 – 3 EL	1,5 dl	300 g
Sahne (kann weggelassen werden)	1,5 dl	3 dl	1 l

Das Öl in einem Topf erhitzen, den Curry zusammen mit dem gehackten Knoblauch ganz kurz andünsten, die gehackten Zwiebeln hinzufügen und 5 Minuten dünsten. Die geriebenen Äpfel zugeben und weitere 5 Minuten brutzeln lassen, mit dem Wasser ablöschen und unter Rühren aufkochen. Aufpassen, daß sich nichts am Boden absetzt. Die Soße zugedeckt etwa 30 Minuten kochen lassen. Ab und zu umrühren.
Danach mehr Wasser oder Molke zugeben, so daß die Menge 2/5/30 l beträgt.
Aufkochen und mit Zitronensaft, Salz und Zucker abschmecken.
Maizena in etwas kaltem Wasser anrühren und die Soße damit binden. Wenn man will, kann man etwas Sahne hinzufügen.

Tomatensoße

10 Pers./2 l – 25 Pers./5 l – 150 Pers./30 l

	10 Pers.	25 Pers.	150 Pers.
Zwiebeln	200 g	1 kg	5 kg
Tomaten	1,2 kg	3 kg	20 kg
Butter	50 g	150 g	750 g
Olivenöl	1/2 dl	1 dl	1/2 l
Knoblauchzehen	2 St	4 St	15 – 20 St
Tomatenmark, eventuell	50 g	100 g	500 g
Wasser oder Gemüsebrühe	4 dl	1 l	5 l
Petersilie, gehackt	1 TL	2 TL	5 EL
Thymian (eventuell Basilikum)	1 TL	2 TL	5 EL
Majoran	1 TL	2 TL	5 EL

etwas gemahler schwarzer Pfeffer
Salz
einige Zuckerwürfel (können auch weggelassen werden)
etwas Essig

| Maizena | 2 EL | 3/4 dl | 200 g |
| Sahne oder Wasser | 2 dl | 1/2 l | 2 l |

Die Zwiebeln reiben und die Tomaten in Stücke schneiden oder durch den Fleischwolf drehen. Butter und Olivenöl in einem Topf erwärmen und den gehackten Knoblauch und die Zwiebeln darin anbraten. Dann die Tomaten und eventuell Tomatenmark, mit etwas Wasser verrührt, oder nur etwas Wasser hinzufügen, etwa 15 Minuten kochen lassen, gehackte Petersilie, Thymian und Majoran zugeben und nochmals 10 bis 15 Minuten kochen lassen.

Mit gemahlenem schwarzem Pfeffer, Salz, Zucker, etwas Essig und mehr gehackter Petersilie abschmecken. Eventuell noch etwas Wasser hinzufügen, so daß sich die richtige Soßenmenge ergibt.

Die Soße eventuell mit in Sahne oder Wasser angerührtem Maizena binden.

Gurkensoße

10 Pers./2 l – 25 Pers./5 l – 150 Pers./30 l

	10 Per.	25 Pers.	150 Pers.
Gurken	1,5 kg	3,5 kg	20 kg
Zwiebeln, feingehackt	250 g	1 kg	5 kg
Grüne Paprikaschoten, fein gehackt	1 – 2	3 – 4	20
Olivenöl	1 dl	2 dl	1 l
Knoblauchzehen	1 St	2 St	10 St
Ysop	1 TL	2 TL	5 EL
Dill	1 TL	2 TL	5 EL
Minze	1 TL	2 TL	5 E L
Salz			
Essig			
Zucker			
Maizena, mit Wasser angerührt	2 EL	3/4 dl	200 g

Die Gurken schälen und in Scheiben schneiden, Zwiebeln und geputzte Paprikaschoten fein hacken. Das Olivenöl in einem Topf erwärmen und die Zwiebeln zusammen mit dem Knoblauch andünsten, Paprika und Gurken hinzufügen.

Alles zusammen kochen lassen, bis die Gurken weich werden und sich auflösen (nach etwa 30 bis 45 Minuten); ab und zu umrühren. Einen Teil der Kräuter während des Kochens hinzufügen, den Rest am Ende der Kochzeit in die Soße geben. Soviel Wasser zugeben, daß sich die richtige Menge Soße ergibt.

Mit reichlich gehackten Kräutern, Salz etwas Essig und Zucker abschmekken.

Wenn die Soße zu dünn sein sollte, kann sie mit in kaltem Wasser angerührtem Maizena gebunden werden.

Spaghettigerichte

Gekochte Spaghetti

	10 Pers.	25 Pers.	150 Pers.
Wasser	5 – 6 l	10 – 15 l	60 l
Salz	2 EL	4 EL	2 dl
Olivenöl	1/2 dl	1 dl	5 dl
Muskatnuß, gerieben	1/2 TL	1 TL	3 EL
Vollkornspaghetti	750 g	2 kg	10 kg

Butterflöckchen

Ich selbst nehme immer Vollkornspaghetti in Demeter-Qualität, die man in den meisten Reformhäusern und Naturkostläden oder bei einem Demeter-Großhändler kaufen kann. Aber es gibt auch eine Reihe anderer guter Spaghettisorten aus Vollkornmehl auf dem Markt.

Wenn man Spaghetti kocht, muß man genau darauf achten, daß sie nicht zu lange kochen, 8 bis 10 Minuten sind meistens ausreichend. Spaghetti sollten so gekocht werden, daß sie sofort serviert werden können, wenn sie fertig sind. Die Spaghetti in einem großen Topf in reichlich Wasser kochen, dem man Salz, Öl und Muskatnuß zugefügt hat.

Die Spaghetti 15 Minuten vor dem Servieren ins kochende Wasser geben, dabei umrühren, damit sie nicht zusammenkleben.

Die Spaghetti nun 8 bis 10 Minuten kochen, ab und zu umrühren und sie «al dente» (für die Zähne = bißfest) kochen.

Wenn die Spaghetti fertig sind, werden sie, nachdem das Kochwasser abgegossen ist, sofort serviert – eventuell mit einigen Butterflöckchen belegt. Wenn sie vor dem Serviert eine Weile stehen müssen, zieht man etwas Olivenöl unter, so daß sie nicht zusammenkleben.

Serviert man die Spaghetti portionsweise, was bei diesem Gericht üblich ist, wird die Soße immer über die Spaghetti gegeben und nicht extra serviert. Zu Spaghetti reicht man eine Gemüsesoße und einen frischen grünen Salat oder einen Weißkohlsalat.

Vorschläge für Spaghettisoßen:

1. «Morotsröra»
2. Tomatensoße mit gekochtem Gemüse
3. Mangoldsoße
4. Grünkohlsoße

Spaghetti und Tomatensalat mit Basilikum, Rezept S. 146

Spaghettisoßen

Tomatensoße

	10 Pers.	15 Pers.	150 Pers.
Zwiebeln, gehackt	300 g	750 g	5 l
Knoblauch, durchgepreßt	2 St	4 St	20 St
Butter	50 g	100 g	500 g
Olivenöl	1/2 dl	1 dl	5 dl
Tomaten, frisch oder konserviert	1,5 kg	3,5 kg	20 kg
Thymian	2 TL	2 EL	8 – 10 EL
etwas gemahlener schwarzer Pfeffer			
eventuell gehackte Petersilie			
Tomatenmark	50 g	100 g	500 g
Salz			
Essig			
einen Hauch Zucker			

Eine Tomatensoße bzw. Tomaten überhaupt darf man niemals in einem Aluminiumtopf kochen – immer einen Edelstahltopf verwenden.

Die gehackten Zwiebeln zusammen mit dem Knoblauch in Butter und Öl andünsten. Die Tomaten fein schneiden oder durch den Wolf drehen. Die Tomaten zu den Zwiebeln geben, Gewürze und Petersilie hinzufügen und die Soße 1/2 bis 1 Stunde kochen lassen. Ab und zu umrühren, so daß die Soße nicht anbrennt. Die Soße mit Tomatenmark, Salz, eventuell Kräutern, Essig und einem Hauch Zucker abschmecken.

Hat man Zugang zu frischen Kräutern, kann man eine ganze Reihe von ihnen für die Soße verwenden, zum Beispiel Basilikum, Ysop und Dill oder Petersilie, Thymian und Majoran.

Zu den Spaghetti kann diese Soße zusammen mit gekochtem Gemüse – zum Beispiel Möhren oder Steckrüben oder grünen Bohnen – serviert werden. Geriebener Käse gehört zu diesem Gericht.

«Morotsröra»

	10 Pers.	25 Pers.	150 Pers.
Möhren, grob geraffelt	1 kg	2,5 kg	30 l
Sellerie, grob geraffelt	250 g	500 g	10 l
Zwiebeln, gehackt;			
eventuell Lauch	250 g	500 g	10 l
Knoblauchzehen	2 St	4 St	20 St
Butter	50 g	100 g	500 g
Olivenöl	1/2 dl	1 dl	5 dl
Thymian oder Basilikum	2 TL	4 TL	10 EL
Koriander, gemahlen	1 TL	2 TL	4 EL
gemahlener schwarzer Pfeffer	1/2 TL	1 TL	2 EL
Tomatenmark	100 g	200 g	1 kg
Salz			
Essig			
eventuell gehackte Petersilie			

Das Gemüse zusammen mit Zwiebeln und gehacktem Knoblauch in Butter und Olivenöl andünsten. Die Gewürze hinzufügen. Dieses Gericht sollte kräftig gewürzt werden. Tomatenmark in etwas Wasser auflösen und hinzugeben. Mit Gewürzen, Salz und Essig abschmecken. Eventuell kann die Soße mit etwas Weizenmehl, angerührt mit Sahne, gebunden werden. Es sieht appetitanregend aus, wenn man beim Anrichten Petersilie über die Soße streut. Geriebenen Käse dazu reichen.

Mangoldsoße

	10 Pers.	25 Pers.	150 Pers.
Mangold (Stiele und Blatt)	1 kg	8 l	45 l
Zwiebeln, gehackt	300 g	750 g	5 l
Paprika, feine Streifen	100 g	250 g	3 – 5 l
Knoblauch, durchgepreßt	2 St	4 St	20 St
Butter	50 g	100 g	500 g
Olivenöl	1/2 dl	1 dl	1/2 l
Majoran	1 – 2 TL	2 EL	7 EL
Ingwer, gemahlen	1/2 TL	1 TL	5 TL
Muskatnuß, gerieben	1 TL	2 – 3 TL	4 – 5 EL
Salz			
Weizenmehl	1 dl	2 dl	1 l
Sahne (und etwas Wasser)	2 dl	5 dl	2,5 l
Essig			
etwas Zucker			

Den Mangold waschen und in 1/2 cm breite Streifen schneiden. Zwiebeln, Paprika und Knoblauch in Butter und Öl in einem Topf oder in der Kipp-bratpfanne andünsten. Den Mangold hinzufügen und (nicht zu lange) kochen lassen, bis er zusammengefallen ist.

Mit den Gewürzen abschmecken – den Ingwer dabei mehr hervortreten lassen als die Muskatnuß. Salzen. Weizenmehl und Sahne verrühren und zum Mangold geben, umrühren und die Soße dann 10 Minuten kochen lassen. Mit Salz, Essig und etwas Zucker abschmecken.

Geriebener Käse und Tomatensalat passen gut dazu.

Diese Soße läßt sich auch gut mit Spinat anstelle von Mangold herstellen.

Grünkohlsoße

	10 Pers.	25 Pers.	150 Pers.
Grünkohlblätter, gewaschen und geputzt	1 kg	8 l	45 l
Wasser	2 l	5 l	20 l
gelbe Senfsamen	1 TL	3 TL	5 EL
Zwiebeln, gehackt	300 g	750 g	5 l
Butter	50 g	100 g	500 g
Weizenmehl	1,5 dl	4,5 dl	3 l
warmes Wasser, Gemüsebrühe oder Milch	1 l	3 l	15 l
Senfpulver	1 TL	3 TL	5 EL
Muskatnuß, gerieben	1 TL	2 – 3 TL	4 – 5 EL
Pfeffer, gemahlen	1/2 TL	1 TL	5 TL
etwas Essig			
Salz			
eventuell einige Zuckerwürfel			
Sahne	2 dl	5 dl	2,5 l

Die Grünkohlblätter von groben Stengelteilen befreien und dann im Wasser zusammen mit den Senfsamen kochen. Den Grünkohl kochen lassen, bis er gar ist (etwa 15 Minuten). Wenn das Kochwasser keinen bitteren Beigeschmack bekommen hat, kann es für die Soße mitverwendet werden.

Die gehackten Zwiebeln kurz in der Butter andünsten und das Mehl darübersieben. Mit warmem Wasser, Gemüsebrühe oder Milch ablöschen. Die Soße 5 Minuten kochen lassen.

Mit Senfpulver, geriebener Muskatnuß, gemahlenem Pfeffer, etwas Essig, Salz und eventuell einigen Zuckerwürfeln abschmecken.

Den Grünkohl fein hacken (oder durch den Fleischwolf drehen) und zur Soße geben, die dann noch einige Minuten kochen darf. Die Soße mit Gewürzen, Salz und Sahne abschmecken.

Pie, Pizza, Crepes

Gemüsepie

Pies kann man entweder in feuerfesten Glasformen oder in Springformen backen. Der Vorteil der letztgenannten Art ist, daß man den Pie aus der Form nehmen kann. Das erfordert aber, daß die «Flüssigkeitsbalance» der Füllung abgewogen ist, sonst fließt die Flüssigkeit beim Anschneiden aus. Pieteig darf nicht zu krümelig sein. Man kann Pies auch auf großen Blechen backen. Dann braucht man weniger Teig. 300 g Mehl reicht dann für 15 Personen.

Pieteig

	10 Pers.	25 Pers.	150 Pers.
Weizenmehl	200 g	1 l	4 l
Grahammehl	100 g	3 dl	1 l
Salz			
Kümmel und Koriander	1 TL	1 EL	3 EL
zusammen gemahlen			
Butter	200 g	400 g	1,5 kg
kaltes Wasser oder Molke	1 dl	2 dl	1 – 2 l

Das Mehl auf das Backbrett häufeln und mit Salz und Gewürzen mischen. Die Butter mit dem Messer ins Mehl hacken, mit den Fingerspitzen zerdrücken und im Mehl verteilen. Kleine Butterstückchen dürfen gerne noch im Mehl vorhanden sein. In das Mehl eine Vertiefung drücken und die Flüssigkeit hineingeben. Flüssigkeit und Mehl mischen und schnell zu einem Teig zusammenkneten.
Den Teig mindestens 1/2 Stunde ruhen lassen. Am besten wird der Pie, wenn man den Teig einige Male ausrollt: Man rollt ihn aus, legt ihn zusammen (wie beim Blätterteig) und läßt ihn ruhen, bevor man ihn zum Backen ausrollt.

Den Teig dann 3 mm dick ausrollen und leicht gefettete Formen damit auslegen. 1/4 des Teiges für die Teigdeckel sparen. Man kann den Teig nun einige Minuten vorbacken, bevor man die Füllung hineingibt. Die Gefahr dabei ist, daß die Seiten zusammensinken; eigentlich ist das Vorbacken nicht notwendig.

Vorschläge für Piefüllungen

Eine Piefüllung kann aus vielen verschiedenen Gemüsen bestehen.
Hier einige Vorschläge:

1. Grünkohl, Zwiebeln, Koriander, schwarzer Pfeffer, Basilikum
2. Spinat, Zwiebeln, Ingwer, Majoran, Dill
3. Weißkohl, Lauch, Möhren, Kümmel, Koriander, Petersilie, Thymian
4. Sellerie, Zwiebeln, Äpfel, Koriander, Fenchel, Basilikum, Muskatnuß
5. Rote Linsen, Sellerie, Zwiebeln, Äpfel, Knoblauch, Majoran, Ingwer
6. Steckrüben, Möhren, Lauch, Senfpulver, Fenchel, Thymian

Wichtig ist, daß die Gemüsestücke nicht zu groß sind – grob geraffelt ist am besten – und daß es um sie herum etwas «sämig-soßig» ist, es darf aber auch nicht zuviel Flüssigkeit sein. Etwas Mehl über das Gemüse sieben, um die Flüssigkeit zu binden. Beim klassischen französischen Pie – «quiche» – werden Eier in die Füllung gegeben.

Rezept für Piefüllung

	10 Pers.	25 Pers.	150 Pers.
Möhren, grob geraffelt	500 g	1 kg	8 l
Weißkohl, geraffelt	500 g	1 kg	8 l
Lauch, in Ringe geschnitten	500 g	1 kg	8 l
Butter	50 g	100 g	300 g
Olivenöl	2 EL	1/2 dl	1/2 l
Kümmel, Fenchel, Koriander, zusammen gemahlen	1 – 2 TL	1 – 2 EL	5 EL
Basilikum	2 TL	2 EL	6 EL
etwas gemahlener schwarzer Pfeffer			
Weizenmehl	1/2 dl	1,5 dl	1/2 l
Joghurt und eventuell etwas Sahne	3 dl	8 dl	2 – 3 l
Salz			
Essig			

Das geraffelte und geschnittene Gemüse in Butter und Olivenöl andünsten, die Gewürze hinzugeben; wenn das Gemüse fast fertig ist, etwas Weizenmehl darübersieben. Den Joghurt schnell unterheben und mit Gewürzen, Salz und Essig abschmecken.

Die mit Teig ausgelegten Formen füllen, Deckel ausrollen und sofort auf die Füllung legen. Deckel und Kanten gut zusammendrücken und eventuell ein Muster in den Deckel schneiden, mit Joghurt bestreichen.

Bei 200° etwa 1 bis 1 1/4 Stunde backen, bis der Teig etwas Farbe bekommen hat und fertig aussieht.

Zum Gemüsepie kann man gut Käsesoße und Rote-Bete-Rohkost reichen.

Crepes

Gratinierte Crepes (kleine, dünne Pfannkuchen) passen gut zu festlichen Gelegenheiten.

Die Crepes werden im voraus gebacken, mit Gemüse gefüllt und im Ofen überbacken. Vorschlag für die Füllung: Spinat, Quark und Eier.

Füllung

	10 St.	100 St.
Quark	300 g	5 kg
Eier	2	20
Muskatnuß, gerieben	1 TL	3 EL
Dill		
Salz		
etwas gemahlener schwarzer Pfeffer		
Spinat	300 g	3 kg

Pfannkuchen zubereiten. Die Zutaten für die Füllung vermengen. Den Spinat waschen, grob hacken und unter die Quarkmasse mischen. Die Pfannkuchen füllen und zusammenrollen, in gefettete, feuerfeste Formen legen und etwas Käse über die Pfannkuchen streuen.

Bei 250° etwa 20 Minuten überbacken.

Gemüsepie mit Rote-Bete-Rohkost und Käsesoße

Pizza

Pizza ist ein Gericht, das man nur schwer in großen Mengen auf einmal zubereiten kann. Man kann jedoch – wenn man schnell genug ist – mit 10 bis 15 Blechen gleichzeitig fertig werden.

Pizzateig
8 Pers./1 Blech – 120 Pers./15 Bleche

Für 1 Blech (60 x 30 cm) rechnet man Teig von 1/2 l Flüssigkeit.

	8 Pers.	120 Pers
Hefe	25 g	150 g
lauwarme Flüssigkeit (Wasser oder Molke)	1/2 l	7 l
Weizenmehl (1/4 Grahammehl, 3/4 Weizenmehl)	1 l	10 – 15 l
Olivenöl Salz	1 EL	1,5 dl
Kümmel und Koriander, zusammen gemahlen	1 TL	2 EL

Die Hefe in der Flüssigkeit auflösen und einen Teil des Mehles mit der Flüssigkeit verrühren; das Grahammehl soll zuerst zugegeben werden. Soviel Mehl einrühren, daß ein dicker Brei entsteht, der nun 1/2 bis 1 Stunde stehen und gehen soll. Es ist schwierig, die genaue Zeitspanne für das Gehen des Teiges anzugeben.

Wenn der Teig aufgegangen ist, Olivenöl, Salz und Gewürze hinzufügen; den Rest des Mehles einarbeiten, bis man einen Teig bekommt, der sich gut auf dem Backbrett bearbeiten läßt und der dennoch eine weiche Konsistenz hat.

Den Teig ausrollen und auf gefettete Bleche legen, danach nochmals kurz gehen lassen, bevor man den Teig belegt.

Auf den Pizzateig verteilt man zuerst eine Grundsoße, eventuell Kräuter, Gewürze und geriebenen Käse.

Danach belegt man zum Beispiel mit Tomatenscheiben, milchsauren Bohnen, Oliven, Artischockenböden, Lauch oder etwas anderem.

Zeittabelle für die Pizzazubereitung

Wenn man viele Pizzas backen will, kann man die Zeit, die man braucht, folgendermaßen berechnen:

– 3/4 Stunde zum Gehen des Teiges
– 1/2 bis 1 Stunde zum Ausrollen
– 1/4 Stunde zum Belegen
– 1/2 Stunde zum Backen
  und dann sofort servieren!

Grundsoße für Pizza
8 Pers./1 Pizza – 120 Pers./15 Pizzas

	8 Pers.	120 Pers
Sellerie, grob geraffelt	200 g	6 l
Möhren, grob geraffelt	200 g	6 l
Zwiebeln, gehackt	200 g	6 l
Olivenöl	1/2 dl	4 dl
Butter	50 g	300 g
Knoblauchzehen, durchgepreßt	2–3 St	15 – 20 St
Oregano	2 TL	10 EL
Basilikum	1 TL	6 – 8 EL
Salz		

eventuell etwas gemahlener schwarzer Pfeffer

Das Gemüse in Öl und Butter andünsten und mit den Gewürzen abschmecken. Diese Soße abkühlen lassen, bevor man sie auf dem Teig verteilt.

	8 Pers.	120 Pers.
Tomaten	1 kg	10 – 15 kg
Oregano		
Salz		
Käse, gerieben	300 g	4 kg

Die Tomaten in Scheiben schneiden. Aller Belag sollte fertig zurechtgemacht auf dem Tisch stehen, wenn es ans Belegen der Pizzas gehen soll.
Den ausgerollten Teig leicht mit Olivenöl bepinseln und eine dünne Schicht der abgekühlten Grundsoße darauf verteilen. Etwas Oregano und Salz darüber streuen und dann eine dicke Schicht Käse. Mit Tomatenscheiben dicht belegen.
Bei 250° bis 275° etwa 25 Minuten backen und dann sofort servieren.

Pizza mit Tomatensoße und milchsauren Bohnen

8 Pers./1 Pizza – 120 Pers./15 Pizzas

Tomatensoße (Grundsoße):

	8 Pers.	120 Pers.
Möhren, geraffelt	200 g	3 l
Lauch, in Ringe geschnitten	500 g	8 l
Knoblauchzehen, durchgepreßt	2 – 3 St	10 – 15 St
Butter	50 g	300 g
Olivenöl	1/2 dl	5 dl
Tomaten, konserviert	500 g	6 kg
Tomatenmark	100 g	1 kg
Oregano	2 TL	8 EL
Thymian	1 TL	6 EL
Salz		

eventuell gehackte Petersilie
etwas gemahlener schwarzer Pfeffer

Das Gemüse zusammen mit dem Knoblauch in Butter und Öl andünsten, die konservierten Tomaten und das Tomatenmark hinzufügen, aufkochen und kurz kochen lassen und mit den Gewürzen abschmecken. Die Soße abkühlen lassen.

	8 Pers.	120 Pers.
Oregano		
Salz		
Käse, gerieben	300 g	4 – 5 kg
Bohnen, milchsauer	750 g	10 l
(kleingeschnitten)		

Die Soße auf dem ausgerollten Pizzateig verteilen, mit Oregano und Salz bestreuen und den geriebenen Käse darüber verteilen. Mit den Bohnen belegen. Bei 275° etwa 25 Minuten backen.

Den Teig ausrollen und auf gefettete Bleche legen. Eine Weile gehen lassen.

Zuerst die Grundsoße verteilen und eventuell Kräuter und Gewürze.

Danach zum Beispiel mit Tomatenscheiben, Oliven usw. belegen.

Dann den geriebenen Käse darauf verteilen.

Gemüsegerichte

Gekochtes Gemüse

Die einfachste Art, Gemüse zuzubereiten, ist, das Gemüse zu kochen. Es wird dann zusammen mit Getreide, Soße und Salat serviert.

Die verschiedenen Gemüse haben verschieden lange Kochzeiten. Das Kochwasser kann vielfältig gewürzt werden, aber bitte nie übertreiben, denn durch das Kochen und Würzen soll der Eigengeschmack des Gemüses hervorgehoben werden.

Im Sommer kann man ein Kräuterbündchen im Garten pflücken, zum Beispiel Ysop, Dill, Kerbel, Minze, Majoran und Bohnenkraut. Man kann dabei auch Kräuter verwenden, die bereits blühen, zum Beispiel Dill. Man sollte auch bedenken, welche Gemüse gekocht werden sollen und ob das Kochwasser für eine Soße oder auf andere Weise verwendet wird.

Im Winter verwendet man für das Kochwasser harte Samengewürze, zum Beispiel Senf, Kümmel, Fenchel.

Wenn man rote Bete kochen will, darf man sie nicht schälen, nicht einmal die Wurzel abschneiden und die Blätter nur soweit, daß die rote Bete selbst nicht angeschnitten wird, sonst «verblutet» sie während des Kochens. Sie wird also als Ganzes gekocht und hinterher geschält.

Gemüse	Kochzeit in Minuten	Gewürze und Kräuter
rote Bete	60 - 120	Lorbeerblatt, Kümmel, Anis, einige Nelken, Essig
Kartoffeln	20 bis 30	Senfkörner, eventuell etwas Kümmel
Weißkohl	15	Senfkörner, Kümmel
Möhren	25	Anis, Fenchel
Sellerie	20	Fenchel, Lorbeerblatt
Steckrüben	30	Senfkörner, Kümmel, Anis
grüne Bohnen	15 bis 20	Senfkörner, Bohnenkraut
Mangoldstiele	10	Lorbeerblatt, Fenchel
Lauch	10 bis 15	Fenchel
Rosenkohl	15	Senfkörner, Anis
Grünkohl	20	Senfkörner, Fenchel
Blumenkohl	15	Petersilie, Dill
Pastinaken	20	Fenchel, Koriander
Fenchel	15	Dill

Es ist wichtig, zum Kochen nur soviel Wasser zu verwenden, daß das Gemüse knapp bedeckt ist. Das Salz gibt man erst hinzu, wenn das Gemüse fast fertig gekocht ist.

Das Gemüse immer bei schwacher Wärmezufuhr kochen. Die Wärme ruhig abschalten und das Gemüse die letzten 10 Minuten der Kochzeit im heißen Wasser ziehen lassen.

Das gilt vor allem für zarte und empfindliche Gemüse wie zum Beispiel Blumenkohl, Lauch und Bohnen.

Das Gemüse sollte immer gerade eben gar sein, wenn es serviert werden soll. Will man es weiter verarbeiten – zum Beispiel überbacken –, muß es natürlich früher gekocht werden.

Das Wasser abgießen – aber das Kochwasser immer aufbewahren! Es hält sich einige Tage im Kühlschrank und kann als Grundlage für Gemüsebrühe, Suppen und Soßen verwendet werden.

Beim Anrichten des Gemüses etwas Butter oder Öl über das Gemüse geben. Man kann auch frischgehackte Kräuter darüberstreuen.

Gekochtes Gemüse sollte niemals lange in offenen Schüsseln stehen, denn dann verliert es sowohl Geschmack als auch Wärme.

Gemüse in heller Soße

Die meisten Gemüse eignen sich dazu, in einer hellen Soße serviert zu werden. Das Gemüse wird in Stücke geschnitten, knapp gar gekocht (nicht «kaputtkochen») und mit einer weißen Soße verbunden. Das kann auf verschiedene Weise gemacht werden:

1. Man läßt das Gemüse im Kochwasser und bindet mit angerührtem Mehl.

2. Man gießt das Wasser ab, bereitet daraus eine Soße und gießt diese dann über das gekochte Gemüse.

3. Man dünstet das Gemüse in Butter oder Öl an, siebt Mehl darüber, gießt mit Wasser oder Milch auf und läßt das Ganze gut durchkochen (diese Art wird in diesem Buch nicht beschrieben).

Die erste Art ist die schnellste. Sie ist gut, wenn man es eilig hat. Sie ist für kräftige Wurzelgemüse geeignet wie Möhren, Steckrüben und Sellerie, aber auch für Grünkohl. Für zartere Gemüse, die keine lange Kochzeit und kein Rühren vertragen, da sie leicht zerfallen, sollte man die zweite Art wählen, zum Beispiel für Bohnen, Blumenkohl, Lauch und Pastinaken.

Gemüse in heller Soße – Methode 1

	10 Pers.	25 Pers.	150 Pers.
Gemüse *	1,8 kg	6 – 7 l	30 – 40 l
Wasser	1 l	2,5 l	15 l
Weizenmehl, geröstet (siehe S.134)	2,2 dl	4,5 dl	2,5 l
Sahne (und etwas Wasser)	1,5 dl	3 – 4 dl	1 – 2 l
Salz			
Gewürze und Kräuter (siehe S. 158)			
Zitronensaft oder Essig			
Zuckerwürfel (können			
weggelassen werden)	2 St	4 St	15 St
Butter (kann weggelassen werden) . .	40 g	75 g	400 g

* Bei Blattgemüse braucht man mehr. Das in Stücke geschnittene Gemüse mit Gewürzen kochen, wie auf S.158 angegeben. Will man jedoch, daß die Soße weiß und zart wird, muß man mit den Gewürzzusätzen vorsichtig sein.

Ganze Senfsamen «verschwinden» in der Soße. Ganzer Kümmel in der Soße ist nicht so angenehm; besser ist es, ihn grob zu mahlen. Auch ganzer Koriander oder ganze Pfefferkörner sind nicht so angenehm zu kauen. Lorbeerblätter kann man gut nehmen, da man nicht so viele braucht und sie sich leicht herausfischen lassen.

Wenn man frische Kräuter verwendet wie Ysop und Dill, kann man sie zu kleinen Sträußen zusammenbinden. Man kann die Kräuter auch im Wasser auskochen und dann abseihen, bevor man das Gemüse ins Wasser gibt.

Das Gemüse nun kochen, bis es fast gar ist. Das Mehl in der Sahne (und etwas Wasser) anrühren und eine Weile quellen lassen. Das angerührte Mehl unter Rühren ins kochende Gemüse einlaufen lassen und alles 10 Minuten kochen.

Mit Salz, Gewürzen, Zitronensaft oder Essig, einigen Zuckerwürfeln und eventuell etwas Butter abschmecken. Vor dem Servieren gerne etwas ziehen lassen (15 bis 30 Minuten) und beim Anrichten mit gehackter Petersilie bestreuen.

Gemüse in heller Soße – Methode 2

	10 Pers.	25 Pers.	150 Pers.
Gemüse, in Stücke geschnitten	1,8 kg	4 kg	40 l
Gemüsebrühe oder Kochwasser	1 l	2,5 l	15 l
Weizenmehl, geröstet	2 dl	4,5 dl	2,5 l
Sahne (und etwas Wasser)	1,5 dl	3 – 4 dl	1 – 2 l
Salz			
Gewürze (siehe S. 158)			
Zitronensaft oder Essig			
Butter (kann weggelassen werden)	40 g	75 g	400 g
Zuckerwürfel	2 St	4 St	15 St

(können weggelassen werden)

Das Gemüse wie bei Methode 1 angegeben kochen. Das Kochwasser abgießen und in einem anderen Topf aufkochen.

Währenddessen das geröstete Weizenmehl in der Sahne anrühren und dann in die kochende Brühe einrühren. Unter ständigem Rühren 10 Minuten kochen lassen.

Die Soße mit Salz und Gewürzen abschmecken. Muskat oder Senfpulver passen oft gut zu solchen Soßen, ein Hauch schwarzer Pfeffer kann auch angebracht sein. Mit Zitronensaft oder Essig, etwas Butter, Salz und einigen Zuckerwürfeln abschmecken (siehe vorhergehendes Rezept). Die Soße zum Gemüse geben und 5 bis 10 Minuten kochen lassen. Nochmals mit Salz und Zitronensaft abschmecken.

Gemüse mit Käse überbacken

Im Grunde genommen können alle Gemüse mit Käse überbacken werden, auch rote Bete (bei ihr darf man aber das Kochwasser nicht für die Soße nehmen).

Mit Käse überbackenes Gemüse bereitet man eigentlich auf die gleiche Art zu wie Gemüse in heller Soße (Methode 2).

Man schichtet das Gemüse mit dem Käse in feuerfeste Formen und gießt die Soße darüber. Aber dafür braucht man nicht soviel Soße, als wenn man das Gemüse direkt in der Soße serviert. Für eine 2-l-Form (für 7 bis 8 Personen) braucht man etwa 3/4 l Soße.

	10 Pers.	25 Pers.	150 Pers.
Gemüse, gekocht	1,5 kg	3,5 kg	30 l
Käse, fein gerieben	200 g	500 g	3 kg
Gemüsebrühe	0,8	2 l	12 l
Weizenmehl	1,5 dl	3,5 dl	2 l
Sahne (und etwas Wasser)	1,5 dl	3 dl	1–2 l
Muskatnuß, gerieben	1/2 TL	1 – 2 TL	3 – 4 EL
frische Kräuter (je nach Gemüse)			
Salz			
Zuckerwürfel	2 St	4 St	15 St
Zitronensaft			

Das Gemüse mit dem Käse in feuerfeste Formen schichten. Aus Gemüsebrühe (oder Gemüsekochwasser), Mehl, Sahne und Gewürzen eine weiße Soße zubereiten und mit Salz, Zucker und Zitronensaft abschmecken.

Die Soße über das Gemüse gießen, mit Käse bestreuen und bei 225 ° etwa 30 Minuten überbacken.

Überbackener Fenchel

	10 Pers.	25 Pers.	150 Pers.
Fenchelknollen	10	25	150
Wasser			
Kräuterstrauß aus Dill und Ysop			
Weiße Soße	8 dl	2 l	10 l
(kann weggelassen werden)			
Käse, gerieben	250 g	650 g	4 kg
Muskatnuß, gerieben	1 TL	2 TL	4 EL

Mit etwa 1 Fenchelknolle pro Person rechnen (hängt von der Größe ab). Den Fenchel zusammen mit dem Kräuterstrauß etwa 10 bis 15 Minuten in Wasser kochen. Die Fenchelknollen aus dem Wasser heben, in 2 oder 4 Stücke schneiden und in gefettete, feuerfeste Formen legen. Aus dem Kochwasser eine weiße Soße herstellen und mit Muskatnuß abschmekken. Die Soße über den Fenchel gießen und reichlich mit Käse bestreuen. Oder 2 dl Kochwasser in jede Form gießen, mit etwas Salz und Muskatnuß und viel Käse bestreuen. In beiden Fällen wird der Fenchel bei 225° bis 250° überbacken. Sofort servieren, zum Beispiel zusammen mit einem Getreidegericht und einem grünen Salat.

Rote-Bete-Sellerieauflauf

Dieser Auflauf ist eine spezielle Variation des mit Käse überbackenen Gemüses.

	10 Pers.	25 Pers.	150 Pers.
rote Bete, gekocht	800 g	3 l	15 l
Sellerie, gekocht	800 g	3 l	15 l
Brühe (Selleriekochwasser)	1 l	2,5 l	15 l
Weizenmehl	2 dl	4 dl	2 l
Sahne (und etwas Wasser)	1,5 dl	3 dl	1 – 2 l
Salz			
Muskatnuß, gerieben	1 TL	2 TL	4 – 5 EL
Zitronen, Saft und Schale	1/2	1	5
Dill, getrocknet			
Käse, gerieben	200 g	500 g	3 kg

Rote Bete und Sellerie jeweils für sich kochen. Das Selleriewasser oder eine andere Gemüsebrühe aufkochen und mit dem in Sahne (und etwas Wasser) angerührten Weizenmehl binden. Die Soße unter Rühren eine Weile kochen lassen und dann mit Salz, Muskatnuß, Zitronensaft, abgeriebener Zitronenschale und eventuell getrocknetem Dill abschmecken.
Rote Bete und Sellerie in Scheiben schneiden und zusammen mit dem Käse in gefettete, feuerfeste Formen schichten. Mit der Soße übergießen und bei 225° etwa 30 Minuten überbacken.

«Bräserade» Gemüse

«Bräsera» ist eine Art der Zubereitung, die zwischen Braten und Kochen liegt. Fast alle Gemüse sind dafür geeignet. Durch die zugegebene Wasser-menge kann man die Zubereitung jeweils mehr zum Braten oder zum Kochen hin verschieben. (Im Deutschen kommt der Begriff des Schmorens dem hier gemeinten am nächsten, weshalb ich diesen Begriff in den fol-genden Rezepten verwenden werde.)

Geschmorte Möhren

	10 Pers.	25 Pers.	150 Pers.
Butter	50 g	100 g	500 g
Olivenöl	1/2 dl	1 dl	1/2 l
Zwiebeln, gehackt	300 g	700 g	4 – 5 kg
Curry	1 TL	2 TL	3 EL
Möhren, in Stifte geschnitten (Julienne)	1,5 kg	6 l	30 – 40 l
Wasser	2 dl	1/2 l	2 l
Thymian	1 TL	2 TL	5 EL

Etwas Zitronensaft oder Essig
Salz

Butter und Olivenöl in der Kippbratpfanne schmelzen und Zwiebeln und Curry leicht anbraten. Die Möhren hinzufügen und 20 bis 30 Minuten brutzeln lassen. Ab und zu etwas Wasser hinzufügen, so daß die Möhren nicht scharf gebraten werden.
Das Gericht mit Thymian, Zitronensaft und Salz abschmecken.

Geschmorte Mangoldstiele

	10 Pers.	25 Pers.	150 Pers.
Mangoldstiele, in Streifen geschnitten	2 kg	4,5 kg	40 l
Butter oder Olivenöl	100 g	200 g	1 kg
Koriander, gemahlen	1/2 TL	1 TL	2 EL
Rosmarin, im Mörser zerstoßen	1 TL	2 – 3 TL	4 – 5 EL
Salz			
etwas Essig			
Zwiebackmehl (Semmelmehl)	2 dl	1/2 l	2 – 3 l

Die Mangoldstiele von den Blättern befreien, waschen und quer in Streifen schneiden. Die Butter in der Kippbratpfanne schmelzen und die Mangold-stiele schnell darin anbraten. Mangold enthält viel Wasser, das während des Bratens austritt. Den Mangold nicht länger als 10 Minuten brutzeln lassen.

Mit Gewürzen, Salz und Essig abschmecken.

Gegen Ende der Garzeit das Zwiebackmehl hinzufügen, das den ausgetre-tenen Mangoldsaft bindet – aber nicht zuviel Zwiebackmehl nehmen, so daß kein «Brei» entsteht.

Dieses Gericht sorgfältig mit Rosmarin abschmecken.

Geschmorter Weißkohl

	10 Pers.	25 Pers.	150 Pers.
Butter oder Olivenöl	100 g	200 g	1 kg
Weißkohl, grob geschnitten	2 kg	4,5 kg	40 l
Kümmel, gemahlen	1 TL	2 TL	5 EL
Rosmarin, im Mörser zerstoßen	1 TL	2 TL	4 – 5 EL
etwas gemahlener schwarzer Pfeffer			
Salz			
Zitronen, Saft oder etwas Essig	1/2	1	5 – 6
eventuell Petersilie, gehackt			

Die Butter in der Kippbratpfanne schmelzen und den Weißkohl hinzufü-gen. Schnell unter ständigem Rühren schmoren. Mit Gewürzen, Salz und Zitronensaft abschmecken. Beim Anrichten eventuell mit gehackter Peter-silie bestreuen

Geschmorte Steckrüben

	10 Pers.	25 Pers.	150 Pers.
Butter	50 g	100 g	500 g
Olivenöl	1/2 dl	1 dl	5 dl
Steckrüben, in Stifte geschnitten	2 kg	4,5 kg	30 – 40 l
Senfpulver	1 TL	2 TL	5 EL
Kümmel, gemahlen	1 TL	2 TL	5 EL

Salz
Tomatenmark, mit etwas Wasser
verrührt . . . . 75 g . . . . . . 150 g . . . . 800 g
etwas Essig
etwas Petersilie, gehackt

Butter und Olivenöl in der Kippbratpfanne schmelzen und die Steckrüben
darin anbraten. Rühren und wenden, so daß die Steckrüben gleichmäßig
angebraten werden. Ab und zu etwas Wasser hinzufügen, und die Steckrüben brutzeln lassen, bis sie gar sind. Mit Senfpulver, gemahlenem Kümmel
und Salz abschmecken.
Zum Schluß das Tomatenmark hinzufügen und das Gericht mit Salz und
Essig abschmecken. Beim Anrichten mit gehackter Petersilie bestreuen.

Im Backofen gegartes Gemüse

Die beste Art, ein wohlschmeckendes Gemüse zuzubereiten, ist, das Gemüse in Tongefäßen, sogenannten Römertöpfen, im Ofen zu garen. Unzählige Variationen sind möglich. Man kann zum Beispiel einzelne Gemüse garen oder Mischungen; man kann mit Öl oder Butter garen oder ganz ohne Fett mit etwas Gemüsebrühe.
Bevor die Formen zum Backen verwendet werden, müssen sie eine halbe bis eine Stunde gewässert (also in Wasser gelegt) werden.
Wenn man keine Tonformen hat, können auch andere feuerfeste Formen verwendet werden, die aber einen Deckel haben müssen.

Gebackene Kartoffeln

	10 Pers.	25 Pers.	150 Pers.
Olivenöl	2 EL	1/2 dl	4 dl
Kartoffeln, gut gebürstet, aber ungeschält	2 kg	7 l	45 l
Salz			
Kümmel, grob gemahlen	1 TL	1 EL	6 EL

Die Formen mit Olivenöl auspinseln. Die Kartoffeln darin verteilen, mit etwas Olivenöl bepinseln und mit Salz und grob gemahlenem Kümmel bestreuen. Die Deckel auf die Formen legen und die Kartoffeln bei 200° etwa 1 1/2 Stunden backen.
Zu gebackenen Kartoffeln wird gerne Kräuterbutter serviert.

Gebackene Pastinaken

	10 Pers.	25 Pers.	150 Pers.
Olivenöl	1 EL	1/2 dl	4 dl
Pastinaken, geschält, in längliche Stücke geschnitten	1,5 kg	4 kg	45 l
Fenchel, gemahlen	1 TL	1 EL	5 EL
Salz	1 TL	1 EL	5 EL

Die Formen mit Olivenöl auspinseln und die Pastinaken darin verteilen. Mit etwas gemahlenem Fenchel und Salz bestreuen und die Deckel auflegen. Die Backzeit ist etwas kürzer als für Kartoffeln, etwa 1 1/4 Stunde bei 200°C.
Eine Quarksoße paßt gut zu gebackenen Pastinaken, aber auch Kräuterbutter oder eine warme Soße lassen sich dazu servieren.

Gebackene Möhren

Gebackene Möhren werden nach dem gleichen Rezept zubereitet wie gebackene Pastinaken.

Gemüsemischungen für das Garen im Backofen:

1. Möhren und Pastinaken, gewürzt mit Fenchel
2. Pastinaken, Möhren und Lauch, gewürzt mit Anis und Fenchel
3. Steckrüben und Lauch, gewürzt mit Senfpulver und Fenchel
4. Steckrüben und Tomaten, gewürzt mit Senfpulver und Kümmel
5. Weißkohl und Tomaten, gewürzt mit Knoblauch und Kümmel
6. Weißkohl, Kartoffeln und Tomaten, gewürzt mit Lorbeerblatt und Kümmel.

Gebackene Pastinaken mit Naturreis, Tomatensoße und grünem Salat.

Gemüsebratlinge

Gemüsebratlinge werden aus einer Zusammenstellung von Getreide und Gemüse zubereitet. Sie können zum Beispiel aus gekochten Gemüseresten, die durch den Fleischwolf gedreht wurden, hergestellt werden. Man macht daraus einen Teig, der mit etwas Buchweizenmehl und Haferflocken, mit Zwiebackmehl oder gemahlenen Nüssen gebunden wird. Gemüsebratlinge können auch aus rohem, geraffeltem Gemüse zubereitet werden.

Kartoffelbratlinge

Es ist schwierig, diese Bratlinge in größeren Mengen herzustellen, da sie unbedingt frisch gebraten aus der Pfanne serviert werden müssen. Aus der hier angegebenen Menge lassen sich 20 Bratlinge machen.

2 l grob geraffelte Kartoffeln
1 l grob geriebene Zwiebeln
3 Eier (alternativ 1 EL Öl und 2 EL Buchweizenmehl)
Salz
etwas gemahlener schwarzer Pfeffer
geriebene Muskatnuß
eventuell gehackte Petersilie
Olivenöl zum Braten

Alle Zutaten gut vermengen. Wie kleine Kartoffelpuffer im heißen Öl in der Kippbratpfanne von beiden Seiten goldbraun backen.
Dazu kann man Sauerkraut-Apfelsalat servieren.

Rote-Bete-Bratlinge

10 Pers./20 St – 25 Pers./50 St – 150 Pers./300 St

	10 Pers.	25 Pers.	150 Pers.
Haferflocken	200 g	400 g	6 l
Wasser	1/2 l	1 l	5 l
rote Bete, roh oder gekocht, fein geraffelt	1 kg	2 kg	20 l
Zwiebeln, gerieben	200 g	500 g	5 l
Buchweizenmehl	1/2 dl	1 dl	1/2 l
Olivenöl	1/2 dl	1 dl	4 – 5 dl
Koriander und Kümmel, zusammen gemahlen	1 TL	2 TL	4 EL
Muskatnuß, gerieben	1 TL	2 TL	4 EL
Ysop oder Majoran	2 – 3 TL	2 – 3 EL	10 EL

Salz
eventuell etwas Tamari
Weizenmehl
Butter und Olivenöl zum Braten

Die Haferflocken im Wasser einweichen und mindestens 1/2 Stunde quellen lassen.

Alle Zutaten gut vermengen und die Masse sorgfältig abschmecken. Wenn die Masse zu weich ist, um Bratlinge zu formen, gibt man etwas trockene Haferflocken oder Weizenmehl hinzu.

Einen Probebratling formen und braten, um zu sehen, ob er während des Bratens «schmilzt», also zu sehr auseinanderläuft. Wenn das passiert, muß man etwas mehr Buchweizenmehl zum Teig geben. Jedoch sollte man mit Buchweizenmehl immer zurückhaltend sein, da es einen starken Eigengeschmack hat, der alles durchdringt.

Bratlinge formen und in Weizenmehl wenden. Bis zum Braten auf bemehlte Tabletts legen. Dann in Butter und Olivenöl braten.

Die Bratlinge können auch im Ofen gebacken werden. Dann werden sie auf gut gebutterte Bleche gelegt. Den Backofen auf 250° vorheizen und die Bratlinge 1 Stunde vor dem Servieren in den Ofen schieben (nur 1 Blech pro Backofen!).

Nach etwa 25 Minuten die Bratlinge wenden und eventuell mehr Butter auf das Blech geben. Fertig backen und sofort servieren.

Sellerie-Nußbratlinge

10 Pers./20 St – 25 Pers/50 St – 150 Pers./300 St

	10 Pers.	25 Pers.	150 Pers.
Sellerie, gekocht und passiert	1 kg	2,5 kg	20 l
Haselnüsse, fein gerieben	100 g	250 g	4 l
Zwiebeln, grob gerieben	250 g	500 g	5 l
Salz			
Koriander und Fenchel, zusammen gemahlen	1 TL	2 TL	4 EL
Muskatnuß, gerieben	1/2 TL	1 – 2 TL	4 EL
Dill, gehackt	1 TL	2 TL	5 EL
Butter und Olivenöl zum Braten			

Die Zutaten gut vermengen und soviel Zwiebackmehl hinzugeben, daß die Masse die richtige Konsistenz bekommt und sich zu Bratlingen formen läßt. Die Masse 1/2 Stunde ruhen lassen und nochmals abschmecken.
Kleine Bratlinge formen, die in einer Mischung aus Zwiebackmehl und Haselnüssen gewendet und dann in Butter und Olivenöl gebraten werden.

Panierte Selleriescheiben mit gekochtem Blumenkohl und Zitronensoße, Rezept S. 175

Paniertes Gemüse

Panierte Möhren

	10 Pers.	25 Pers.	150 Pers.
Große Möhren, geschält	2 kg	5 kg	25 kg
Wasser			
Anis, gemahlen	1 TL	2 TL	4 EL
Zitronensaft			
Weizenmehl	2 dl	4 dl	1 l
Muskatnuß, gerieben	1 TL	2 – 3 TL	4 EL
Salz			
Eier		2	4	10
Zwiebackmehl, fein	3 dl	5 dl	1,5 l
Butter und Öl zum Braten			

Die ganzen Möhren kochen, dem Kochwasser Anis zusetzen, die Möhren fast garkochen und aus dem Wasser heben. Der Länge nach in 1 bis 1,5 cm dicke Scheiben schneiden und mit Zitronensaft beträufeln.

Zum Panieren braucht man:
1. Eine Platte mit Weizenmehl, gut gesalzen und gewürzt mit Anis und Muskatnuß
2. Eine Platte mit verschlagenen Eiern
3. Eine Platte mit feinem Zwiebackmehl

Die Möhrenscheiben werden auf folgende Weise paniert: Die Scheiben in Weizenmehl wenden, dann in die Eier tauchen und zum Schluß in Zwiebackmehl wenden. Danach auf mit Zwiebackmehl bestreute Tabletts legen.
Beim Panieren muß man vorsichtig sein, so daß nicht zuviel Mehl in die Eier kommt und nicht zuviel Ei ins Zwiebackmehl. Werden größere Mengen Gemüse paniert, so füllt man während des Arbeitsganges mit verschlagenem Ei und Zwiebackmehl auf.
Es ist günstig, beim Panieren zu zweit zu sein. Einer wendet die Scheiben im Mehl und legt sie in die verschlagenen Eier, und der Zweite nimmt sie aus den Eiern (läßt sie abtropfen) und wendet sie sorgfältig im Zwiebackmehl. Dann werden die panierten Möhrenscheiben in reichlich Butter und Olivenöl gebraten.
Mit Zitronenspalten oder Zitronensoße servieren.

Panierter Sellerie

10 Pers./18 Scheiben – 25 Pers./40 Scheiben – 150 Pers./250 Scheiben

	10 Pers.	25 Pers.	150 Pers.
Sellerie, geschält	2 kg	5 kg	25 kg
Wasser			
Weizenmehl	2 dl	4 dl	1 l
Fenchel, gemahlen	1 TL	2 TL	4 EL
Muskatnuß, gerieben	1 TL	2 TL	4 EL
Salz			
Eier	2	4	10
Zwiebackmehl, fein oder			
feingeriebene Mandeln	3 dl	5 dl	1,5 l
Zitronensaft			
Butter oder Olivenöl zum Braten			

Panierte Selleriescheiben sind die delikateste Art von paniertem Gemüse. Den ganzen Sellerie bei schwacher Hitze kochen, bis er gerade gar, aber noch nicht so weich ist, daß er außen anfängt auseinanderzufallen. Den in Scheiben geschnittenen Sellerie auf die gleiche Weise panieren, wie bei panierten Möhren beschrieben. Das Mehl mit Fenchel, Muskatnuß und Salz würzen.

Eine besonders delikate Panade kann man dadurch bekommen, daß man das Zwiebackmehl ganz oder teilweise durch feingeriebene Mandeln ersetzt.

Panierte Pastinaken

	10 Pers.	25 Pers.	150 Pers.
Große Pastinaken, geschält	2 kg	5 kg	25 kg

Ansonsten die gleichen Zutaten und die gleiche Arbeitsweise wie bei panierten Möhren. Bei Pastinaken muß man beim Kochen besonders vorsichtig sein. Sie haben keine so feste Konsistenz wie Möhren und fallen daher beim Kochen leichter auseinander. Bei schwacher Hitze kochen und nicht ganz gar werden lassen. Sofort aus dem Wasser heben.

Das Mehl für Pastinaken mit Fenchel, Koriander und Salz würzen

Panierte rote Bete

	10 Pers.	25 Pers.	150 Pers.
rote Bete, gekocht und danach geschält	2 kg	5 kg	25 kg

Ansonsten die gleichen Zutaten wie für panierte Möhren.

Da rote Bete eine lange Kochzeit haben, werden sie am besten einen Tag im voraus gekocht. Die rote Bete zusammen mit Lorbeerblatt, Anis und Kümmel kochen und etwas Essig ins Kochwasser geben. Kochzeit etwa 1 1/2 bis 2 Stunden.

Die geschälte rote Bete in 1 cm dicke Scheiben schneiden und auf die gleiche Weise, wie bei Möhren beschrieben, panieren. Das Mehl zum Panieren mit gemahlenem Koriander, geriebener Muskatnuß und Salz würzen.

Die panierten Scheiben in reichlich Butter braten.

Paniertes Gemüse kann auch auf gefettete Backbleche gelegt und im Ofen gebacken werden.

Kartoffel- und Kohlgerichte

Wurzelpüree/Kartoffelpüree

Wurzelpüree wird gewöhnlich aus halb Steckrüben, halb Kartoffeln zubereitet. Bei Kartoffelpüree verwendet man ausschließlich Kartoffeln.

	10 Pers.	25 Pers.	150 Pers.
Steckrüben/Kartoffeln, geschält *	2,5 kg	6 kg	60 l
Wasser			
Senfsamen	1 EL	2 EL	1 dl
Milch oder Gemüsewasser	1/2 l	1 l	5 – 6 l
Butter	100 g	200 g	1 kg
Salz			
Muskatnuß, gerieben	1/2 TL	1 – 2 TL	4 EL

* man kann auch einen Teil Möhren mitverwenden

Die geschälten Wurzelgemüse unter Zusatz von Senfsamen in leicht gesalzenem Wasser so lange kochen, bis sie fast auseinanderfallen. Man kann die Steckrüben eventuell 15 Minuten vorkochen, bevor man die Kartoffeln hinzugibt, da sie eine längere Kochzeit als Kartoffeln haben.
Das Kochwasser abgießen und das Gemüse stampfen und musen. Während des Stampfens nach und nach Milch, Butter und Salz hinzufügen. Es ist von Vorteil, das Wurzelpüree in der Küchenmaschine zu musen und mit dem Schneebesen zu schlagen, so daß das Püree leicht und luftig wird. Mit geriebener Muskatnuß abschmecken.

Französischer Kartoffelgratin

	10 Pers.	25 Pers.	150 Pers.
Kartoffeln	2 kg	5 kg	25 kg
Zwiebeln	250 g	1 kg	6 kg
Salz	2 TL	2 EL	1,5 dl
Knoblauchzehen	2 St	5 St	30 St
Sahne	2 dl	6 dl	3 l
Milch	5 dl	1,2 l	7 l

etwas gemahlener schwarzer Pfeffer

Französischer Kartoffelgratin wird in offenen, feuerfesten Formen gebakken, eventuell in der Fettpfanne des Backofens.

Kartoffeln und Zwiebeln in dünne Scheiben schneiden. Eine Schicht Kartoffeln in die gefetteten Formen oder die Fettpfanne legen, mit etwas Salz und gemahlenem schwarzem Pfeffer bestreuen, eine Schicht Zwiebelscheiben darüber legen, dann wieder eine Schicht Kartoffeln, die man mit Salz und Pfeffer bestreut, dann wieder eine Schicht Zwiebeln. Zum Schluß mit einer Schicht Kartoffeln, mit Salz bestreut, bedecken.

Den Knoblauch durchpressen und zusammen mit etwas gemahlenem schwarzem Pfeffer und Salz zum Sahne-Milch-Gemisch geben. 2/3 davon über den Kartoffelgratin gießen und die Formen bei 200° in den Ofen stellen. Die Backzeit beträgt etwa 1 1/2 bis 2 Stunden. Nach einer Stunde den Rest des Sahne-Milch-Gemisches über den Gratin gießen.

Es ist wichtig, daß der Gratin gut durchgebacken wird. Zum Gratin kann man zum Beispiel kleine Hafernußbratlinge und Sauerkrautsalat servieren, oder man reicht dazu Salat und ein gekochtes Gemüse.

Kohlrouladen
10 Pers./20 St - 50 Pers./100 St

	10 Pers.	50 Pers.
Kohlblätter, blanchiert	20 St	100 St

Füllung:

	10 Pers.	50 Pers.
Reis, gekocht	8 dl	4 l
Haselnüsse, fein gerieben	5 dl	3 l
Zwiebeln, gehackt	200 g	2 l
Sonnenblumenöl	1/2 dl	3 dl
Käse, gerieben	100 g	500 g
Kümmel, gemahlen	1 TL	2 – 3 EL
Thymian oder Basilikum	2 TL	4 – 5 EL
eventuell Petersilie, gehackt		
Salz und etwas gemahlener Pfeffer		
Butter zum Braten		
Gemüsebrühe	1,5 l	5 – 6 l

Zubereitung von Kohlrouladen ist sehr arbeitsaufwendig. Aber hat man einmal weniger Essensgäste, paßt das Gericht gut.

Für Kohlrouladen braucht man große, schöne Kohlköpfe, von denen man viele große, unbeschadete Blätter abnehmen kann.

Alle Zutaten für die Füllung gut vermengen und kräftig würzen.

Für das Blanchieren der Kohlblätter braucht man einen großen Topf mit kochendem Wasser, dem man ganzen Kümmel zugesetzt hat. In das kochende Wasser legt man die geputzten Kohlköpfe. Nach 5 bis 10 Minuten Kochzeit hebt man sie aus dem Wasser und nimmt die äußeren Blätter ab. Danach werden die Kohlköpfe wieder ins Wasser gelegt, nach 5 bis 10 Minuten Kochzeit herausgehoben und die nächsten Blätter abgenommen. So verfährt man weiter, bis man genügend Kohlblätter zur Verfügung hat. Die übriggebliebenen «Kernstücke» der Kohlköpfe kann man eventuell fein hacken, kurz anbraten und mit in die Füllung geben. Nun beginnt man, die Rouladen zu rollen. Auf jedes einzelne Kohlblatt 2 EL der Füllung geben und so gut zusammenrollen, daß die Füllung nirgends herauslaufen kann. Mit einem Zahnstocher aus Holz zusammenstecken.

Die Kohlrouladen kurz in Butter anbraten und dann hübsch angeordnet in feuerfeste Formen legen. In jede Form einige dl Gemüsebrühe gießen. Man kann die Kohlrouladen auch mit Tomatensoße übergießen. Die Rouladen 30 bis 45 Minuten bei 200° backen. Vor dem Servieren die Zahnstocher entfernen und gehackte Petersilie über die Rouladen streuen.

Gekochter Rotkohl

	10 Pers.	15 Pers.	150 Pers.
Rotkohl, feingeschnitten	1,5 kg	3,5 kg	45 l
Butter	75 g	150 g	750 g
Wasser	1/2 l	1 l	5 l
gelbe Senfkörner	1 TL	1 EL	5 EL
Anis, gemahlen	1/2 TL	1 TL	2 EL
einen Hauch Nelke			
Äpfel, grob geraffelt	750 g	1,5 kg	15 l
Zucker oder Honig	2 EL	1/2 dl	2 dl
Zitronen, Saft (oder Essig)	1	2	6
Salz			

Den geschnittenen Rotkohl in der Kippbratpfanne kurz in Butter andünsten. Dann in einem Topf zusammen mit dem Wasser und den Gewürzen kochen. Den Kohl 30 bis 45 Minuten kochen lassen, ab und zu umrühren. Geraffelte Äpfel, Zucker und Salz hinzufügen.

Nochmals 15 bis 20 Minuten kochen lassen und mit Zitronensaft oder Essig, Salz und eventuell mehr Zucker abschmecken.

Gemüsetöpfe

In Schweden sind «Grytor» Gerichte, die aus verschiedenen Gemüsen oder aus Fleisch und Gemüse bestehen. Auch Mandeln und gewisse Früchte können darin vorkommen. Reis, Nudeln oder Kartoffeln werden extra dazu gereicht. Eine schwedische «Gryta» entspricht also nicht ganz unserem deutschen Eintopf, darum sollte man ergänzende Gerichte dazu servieren. Gemüsetöpfe können in unzähligen Variationen zubereitet werden, je nach Jahreszeit und Vorrat. Fast alle Gemüse können dabei Verwendung finden, nur sollte man sie mit Gefühl und Besonnenheit mischen. Hier einige Vorschläge:

Mai bis Juni: Zwiebeln, Kartoffeln, Steckrüben, Möhren, frische Petersilie, Liebstöckel oder andere frische Kräuter

Juli bis August: Bohnen, Zwiebeln, Tomaten, Blumenkohl, Bohnenkraut, Dill, Basilikum

September bis Oktober: Möhren, Lauch, Spitzkohl, Kümmel, Anis, Petersilie, Majoran, Zitronenmelisse

November bis Dezember: Sellerie, Möhren, Lauch, Weißkohl, Kümmel, Fenchel, Petersilie, Majoran, schwarzer Pfeffer

Januar bis Februar: Zwiebeln, Pastinaken, Weißkohl, Möhren, Kümmel, Thymian, Muskatnuß, schwarzer Pfeffer

März bis April: Zwiebeln, Steckrüben, Pastinaken, Sellerie, Tomatenmark, Knoblauch, Senf, Dill, Basilikum

Die gesamte Menge feingeschnittenen Gemüses für einen Gemüsetopf beträgt für 10 Personen 2,5 kg, für 25 Personen 6 kg und für 150 Personen 50 bis 60 l. Die Menge ist aber auch davon abhängig, ob die Gemüse während des Kochens stark zusammenfallen, und davon, was man außerdem noch zur Mahlzeit serviert.

Ein Gemüsetopf kann hauptsächlich auf zwei Arten zubereitet werden.

1. Man dünstet jedes Gemüse für sich und mischt dann alles in einem Topf und schmeckt mit verschiedenen Gewürzen ab. Wenn man einem solchen Gemüsetopf keine Flüssigkeit zusetzt, muß man eine Soße dazu reichen.

2. Man dünstet alles Gemüse zusammen in einem Topf, aber in einer gewissen Reihenfolge: man beginnt mit dem Gemüse, das die längste Garzeit hat, nimmt dann das Gemüse mit der nächst kürzeren Garzeit dazu usw. – Bei dieser Art kochen die Gemüse mehr zusammen, und der Gemüsetopf bekommt einen fülligeren Geschmack als bei der ersten Art der Zubereitung, aber er sieht weniger ansprechend aus, da die Gemüse etwas mehr zerkochen.

Rote-Bete-Topf

	10 Pers.	25 Pers.	150 Pers.
rote Bete, grob geraffelt	1 kg	2 kg	20 l
Sellerie, grob geraffelt	500 g	1 kg	10 l
Lauch oder Zwiebeln, gehackt . . .	200 g	500 g	7 l
Weißkohl, in Streifen geschnitten	200 g	500 g	10 l
Möhren, grob geraffelt	500 g	1 kg	10 l
Butter	75 g	150 g	1 kg
Olivenöl	1/2 dl	1 dl	6 dl
Lorbeerblatt	3 St	5 St	25 St
Wacholderbeeren	5 St	10 St	25 St
Kümmel, ganz	1 TL	2 – 3 TL	4 – 5 TL
Wasser	2 – 3 dl	1/2 l	3 – 4 l
Kümmel und Anis, zusammen gemahlen	2 TL	2 EL	7 – 8 EL
Muskatnuß oder Ingwer, gerieben	1/2 TL	1 TL	3 EL
Salz			
etwas Sauerkrautsaft oder Essig			
saure Sahne, Joghurt oder Sahne . . .	2 dl	4 dl	2 l

Das Gemüse in Butter und Öl andünsten. Lorbeerblatt, Wacholder und ganzen Kümmel hinzugeben. Das Wasser hinzugießen und 30 bis 45 Minuten kochen lassen. Ab und zu umrühren und wenn nötig, mehr Wasser hinzugießen. Mit gemahlenem Kümmel, Anis, geriebener Muskatnuß oder Ingwer würzen und mit Salz, Sauerkrautsaft und saurer Sahne, Joghurt oder Sahne abschmecken.

Rote-Bete-Kartoffeltopf

	10 Pers.	25 Pers.	150 Pers
Butter	50 g	100 g	500 g
Olivenöl	1/2 dl	1 dl	1/2 l
Zwiebeln, gehackt	200 g	1/2 kg	6 l
rote Bete, fein geschnitten	1,2 kg	3 kg	30 l
Kartoffeln, in Scheiben	750 g	1,5 kg	15 l
Wasser	3 – 4 dl	1 l	3 – 4 l
Lorbeerblatt	3 St	5 St	25 St
Thymian	1 TL	2 – 3 TL	4 – 5 EL

Kümmel und Anis,
zusammen gemahlen . . . . 2 TL . . . . 2 EL . . . . . 7 – 8 EL
Meerrettich, gerieben . . . . 1 EL . . . . 2 EL . . . . 8 – 10 EL
eventuell Dill, gehackt
Salz
Essig
Joghurt oder Sahne . . . . 2 dl . . . . 1/2 l . . . . 2 – 3 l

Butter und Öl in der Kippbratpfanne erwärmen und die Zwiebeln darin
andünsten. Rote Bete und Kartoffeln hinzufügen und 20 Minuten unter
Umrühren leicht brutzeln lassen. Dann die Flüssigkeit und die Gewürze
hinzugeben, 30 bis 45 Minuten kochen lassen. Ab und zu umrühren und
eventuell mehr Flüssigkeit zugeben, falls zuviel verdampft ist. Den Gemüsetopf mit Meerrettich, Dill, Salz, Essig und eventuell mehr von den anderen Gewürzen abschmecken. Vor dem Servieren schnell Joghurt oder
Sahne unterziehen.

Rote-Bete-Topf mit Äpfeln

	10 Pers.	25 Pers.	150 Pers.
Rote Bete, grob geraffelt	1,5 kg	3,5 kg	40 l
Butter	50 g	100 g	500 g
Olivenöl	1/2 dl	1 dl	1/2 l
Apfelsaft oder Wasser	2 dl	1/2 l	3 – 4 l
Lorbeerblatt	3 St	5 St	25 St
Wacholderbeeren	5 St	10 St	3 EL
etwas Nelke, gemahlen			
Koriander, Kümmel und Anis,			
zusammen gemahlen	2 TL	2 EL	7 – 8 EL
Muskatnuß, gerieben	1/2 TL	1 TL	3 – 4 EL
etwas Ingwer, gemahlen			
Apfelschnitze	750 g	1,5 kg	15 l
Salz			
Zitronen, Saft	1/2	1	5 – 6
Sahne	2 dl	5 dl	2 – 3 l

Die rote Bete in Butter und Öl andünsten. Ab und zu etwas Apfelsaft oder
Wasser hinzugeben. Die Gewürze hinzufügen und mitkochen lassen.
Nach etwa 45 Minuten Kochzeit die Äpfel hinzugeben und 10 bis
15 Minuten mitkochen lassen. Zum Schluß wird mit Gewürzen, Salz und
Zitronensaft abgeschmeckt und die Sahne untergezogen.

Ratatouille

Dieser Gemüsetopf sollte immer reichlich Auberginen, Paprika, Tomaten und Knoblauch enthalten, die dann mit dem gemischt werden, was man gerade zur Hand hat, zum Beispiel Gurken, Zucchini oder Fenchel.

	10 Pers.	25 Pers.	150 Pers.
Zwiebeln	3 – 4	8 – 10	50
Knoblauchzehen	3 St	6 – 7 St	30 – 40 St
Auberginen	4	10	50
Zucchini oder Gurken	3 – 4	8 – 10	50
grüne Paprikaschoten	3	8	50
Tomaten	1 kg	2,5 kg	15 kg
Olivenöl	1 dl	2 dl	1 l

Salz
etwas gemahlener schwarzer Pfeffer
etwas Essig
Petersilie, gehackt
viel frisches, gehacktes Basilikum (oder getrocknet)

Zwiebeln und Gemüse putzen und in mäßig große Scheiben oder Stücke schneiden. Die in Scheiben geschnittenen Auberginen können vor der weiteren Zubereitung 1 Stunde in Wasser gelegt werden, dadurch verschwindet der etwas bittere Geschmack.

Das Gemüse in Olivenöl andünsten. Mit den in Scheiben geschnittenen Zwiebeln und einem großen Teil des feingehackten Knoblauchs beginnen. Danach die in Scheiben geschnittenen Zucchini oder Gurken, dann die Auberginen, den in Streifen geschnittenen Paprika und die Tomatenscheiben hinzufügen.

Das Gemüse 20 bis 30 Minuten kochen lassen. Wenn nötig, während des Kochens etwas Wasser hinzugeben. Mit Salz, durchgepreßtem Knoblauch, etwas gemahlenem schwarzem Pfeffer und einem Schuß Essig abschmecken; zum Schluß die gehackte Petersilie und das gehackte Basilikum unterrühren.

Mit kalter Joghurtsoße, grünem Salat und frisch gebackenem Brot (eventuell auch mit gekochtem Reis) servieren.

Linsentopf

Linsentopf kann mit roten oder grünen Linsen zubereitet werden. Rote Linsen werden «breiiger», da sie mehr zerkochen, sind aber nicht so schwer wie grüne.

	10 Pers.	25 Pers.	150 Pers.
Linsen	600 g	1,5 kg	10 l
Wasser	2 l	4 l	20 l
Senfkörner, ganzer Kümmel und Lorbeerblatt			
Zwiebeln, in Scheiben, oder Lauch	200 g	500 g	10 l
Knoblauch			
Butter	100 g	200 g	1 kg
Möhren, in Scheiben	500 g	1,2 kg	15 l
Pastinaken, in Scheiben	500 g	1,2 kg	15 l
gemahlener Senf, Thymian, Basilikum			
Salz			
Zitronensaft oder Essig			
Joghurt oder Sahne	2 dl	4 dl	2 l
Tomatenmark	50 g	150 g	750 g

Die Linsen waschen und in der Hälfte der Wassermenge einweichen (1 bis 10 Stunden). Rote Linsen brauchen nur kurz oder gar nicht eingeweicht zu werden. Danach das restliche Wasser, Senfkörner, Kümmel und Lorbeerblätter hinzufügen. Die Linsen 20 bis 30 Minuten kochen und dann noch etwa 30 Minuten ziehen lassen.

In der Kippbratpfanne die Zwiebelscheiben und den gehackten Knoblauch in der Butter andünsten. Dann Möhren und Pastinaken hinzugeben und etwa 10 Minuten brutzeln lassen, dann etwas Wasser hinzufügen und das Gemüse etwa 15 Minuten kochen lassen.

Gewürze und Salz hinzugeben und die gekochten Linsen unterrühren. Etwa 10 Minuten kochen lassen.

Mit Gewürzen, Salz, Zitronensaft oder Essig, Joghurt oder Sahne abschmecken. Wenn man will, zuletzt das Tomatenmark unterrühren, vor dem Servieren mit gehackter Petersilie oder Dill bestreuen.

Dazu Knäckebrot, Butter und einen grünen Salat reichen.

Weißkohl in Currysoße

	10 Pers.	25 Pers.	150 Pers.
Butter	75 g	150 g	300 g
Olivenöl	1 EL	1/2 dl	3 dl
Weißkohl, gehobelt oder geschnitten	1 kg	2,5 kg	30 l
Äpfel, grob geraffelt	800 g	2 kg	15 l
Salz			

Soße:

	10 Pers.	25 Pers.	150 Pers.
Weizenmehl, geröstet	1,5 dl	3,5 dl	2 l
Sahne (und etwas Wasser)	2 dl	5 dl	2 l
Milch oder Wasser	1 l	2,5 l	15 l
Curry			
Salz			
Zitronen, Saft	1/2	1	4
Muskatnuß, gerieben	1/2 TL	1 TL	3 – 4 EL
Zuckerwürfel	2 St	4 St	10 St

Zuerst die Soße auf folgende Weise zubereiten: Das geröstete Mehl mit der Sahne anrühren. Milch oder Wasser aufkochen und das angerührte Weizenmehl mit dem Schneebesen in die kochende Flüssigkeit einrühren. Die Soße unter Umrühren kochen lassen und mit Curry, Salz, Zitronensaft, geriebener Muskatnuß und einigen Zuckerwürfeln abschmecken.
Die Soße ruhen lassen, während der Kohl zubereitet wird. Butter und Olivenöl in der Kippbratpfanne erwärmen und den in Streifen geschnittenen Weißkohl hinzufügen, unter Umrühren etwa 15 Minuten brutzeln lassen. Die grobgeraffelten Äpfel hinzugeben und das Gericht nochmals 10 Minuten kochen. Mit Salz bestreuen und die Soße hinzugießen.
Alles etwa 5 Minuten kochen lassen und mit Salz und Zitronensaft abschmecken.

Nachtische

Fruchtsuppen

Blaubeersuppe (Heidelbeersuppe)

10 Pers./2,5 l – 25 Pers./6 l – 150 Pers./30 l

	10 Pers.	25 Pers.	150 Pers.
Blaubeeren, getrocknet *	150 g	350 g	2 kg
Wasser	2 l	5 l	25 l
Zimtstangen	1	2	6
Rohrzucker	2 dl	3,5 dl	2 l
Vanilleschoten	1/2	1	4
Maizena, in kaltem Wasser angerührt	1/2 dl	1 dl	3/4 l
Zitronen, Saft	1/2	1	4
Prise Salz			

* kann teilweise durch eine etwas größere Menge tiefgefrorener oder eingemachter Blaubeeren ersetzt werden.

Die Blaubeeren über Nacht im Wasser einweichen. Am nächsten Tag zusammen mit den Zimtstangen 45 Minuten kochen lassen. Danach tiefgefrorene oder eingemachte Blaubeeren und Zucker hinzufügen. Eventuell mit Wasser aufgießen, so daß man 2,5/6/30 l Suppe hat.

Die aufgeschlitzten und ausgekratzten Vanilleschoten und das ausgekratzte Mark hinzugeben und die Suppe 5 Minuten kochen und dann 15 bis 30 Minuten ziehen lassen.

Mit dem Schneebesen das angerührte Maizena einrühren, aufkochen lassen und mit Zitronensaft, etwas Salz und eventuell mehr Zucker abschmecken.

Die Suppe mit Schlagsahne, Eis oder Zwieback servieren.

Hagebuttensuppe

10 Pers./3 l – 25 Pers./7 l – 150 Pers./40 l

	10 Pers.	25 Pers.	150 Pers.
Hagebuttenschalen, getrocknet	5 dl	1,2 l	7 l
Wasser	2 l	5 l	30 l
Zimtstangen	2	4	15
Vanilleschoten	1/2	1	6
Zucker (eventuell Honig oder Rohrzucker)	1,5 dl	3,5 dl	2 l
Zimt, gemahlen	1/2 TL	1 TL	1 EL
Zitronen, Saft und Schale *	1/2	1	6 – 8
Prise Salz			
Apfelsaft oder Wasser	3 – 4 dl	1 l	5 l
Maizena, in kaltem Wasser angerührt	3/4 dl	2 dl	1 l

* kann durch gemahlene Pomeranze ersetzt werden

Die Hagebuttenschalen in ein Sieb legen und kalt abspülen. Dann im Wasser aufkochen und etwa 15 Minuten kochen lassen. Abseihen und das Kochwasser sparen. Die Hagebutten durch den Fleischwolf oder den Passierapparat geben. Das Hagebuttenmus kommt wieder ins Kochwasser. Mehr Wasser hinzufügen, so daß die Suppe recht dünn wird.
Die Suppe nun zusammen mit den Zimtstangen und den Vanilleschoten aufkochen, nachdem man die Vanilleschoten der Länge nach aufgeschlitzt und das Mark herausgekratzt hat.
Die Suppe etwa 1/2 Stunde köcheln lassen, ab und zu umrühren, denn diese Suppe brennt leicht an.
Die Suppe mit Zucker, gemahlenem Zimt, Zitronensaft und abgeriebener Zitronenschale oder Pomeranze (mit der Zitronenschale zurückhaltend sein) und etwas Salz abschmecken.
Apfelsaft oder Wasser hinzufügen, so daß man 3/7/40 l bekommt.
Die Suppe mit in kaltem Wasser angerührtem Maizena binden, wieder aufkochen und erneut mit Zucker, Zitronensaft und eventuell Gewürzen abschmecken.
Beim Abschmecken der Hagebuttensuppe vorsichtig sein, sie soll nach Hagebutten schmecken und nicht nach allen möglichen exotischen Gewürzen.
Die Hagebuttensuppe warm, lauwarm oder kalt zusammen mit Zwieback, Sahne oder Eis servieren.

Apfelsuppe
10 Pers./2,5 l – 25 Pers./6 l – 150 Pers./40 l

	10 Pers.	25 Pers.	150 Pers.
Äpfel, geputzt, in Scheiben	1 kg	2,5 kg	25 l
Zitronen, Saft und Schale	1/2	1	5
Wasser	1,5 l	4 l	25 l
Zimtstangen	2	4	10
Vanilleschoten	1/2	1	4
Zucker	2 dl	4 – 5 dl	2 – 3 l
eventuell Zimt, gemahlen			
etwas Salz			
Maizena, in kaltem Wasser			
angerührt	3/4 dl	2 dl	3/4 l

Die Apfelschnitze sofort in Zitronenwasser (Zitronensaft mit etwas Wasser mischen) wenden, so daß sie nicht braun werden. Für die Suppe kann man eventuell die Kerngehäuse zusammen mit Anis, Zimtstangen und Kardamonkernen auskochen.

Die Hälfte der Äpfel zusammen mit den Zimtstangen und den aufgeschlitzten Vanilleschoten samt einem Teil des Zuckers (die Zuckermenge ist davon abhängig, wie sauer die Äpfel sind) aufkochen. Die Äpfel ganz zerkochen lassen.

Die restlichen Äpfel hinzugeben und die Suppe kurz aufkochen. Mit abgeriebener Zitronenschale, Zucker, eventuell gemahlenem Zimt samt etwas Salz und Vanille abschmecken.

Mit Wasser aufgießen, so daß man die richtige Menge Suppe bekommt. Mit Maizena binden, kurz aufkochen und nochmals abschmecken.

Zu dieser Suppe schmeckt Zwieback gut oder auch Milch.

Suppe aus Trockenfrüchten

10 Pers./2,5 l – 25 Pers./6 l – 150 Pers./40 l

	10 Pers.	25 Pers.	150 Pers.
Apfelsaft	1/2 l	1 l	6 l
schwarzer Johannisbeersaft	3 dl	6 dl	4 l
Wasser	1,5 l	3,5 l	20 l
Backpflaumen	150 g	350 g	2 kg
Rosinen	100 g	200 g	1 kg
Zimtstangen	2	3 – 4	15
Anis, ganz	1 TL	2 TL	2 EL
etwas Nelke, gemahlen			
etwas Kardamon, gemahlen			
eventuell Zimt, gemahlen			
Mandeln, gehackt	50 g	100 g	500 g
Maizena, in kaltem Wasser angerührt	1/2 dl	1,5 dl	1 l
Zitronen, Saft und Schale oder			
Apfelsinen	1/2	1	5
etwas Salz			

Apfelsaft, schwarzen Johannisbeersaft und Wasser in einen Topf geben und zusammen mit Backpflaumen, Rosinen, Zimtstangen und Anis aufkochen. Die Suppe so lange kochen lassen, bis die Pflaumen weich sind. Die Rosinen eventuell später hinzugeben, da sie eine kürzere Kochzeit haben als die Pflaumen.

Etwas gemahlene Nelke, Kardamon und eventuell gemahlenen Zimt hinzufügen. Sehr sorgfältig abschmecken und vor allem mit Nelke vorsichtig sein.

Nun die gehackten Mandeln in die Suppe geben und mit angerührtem Maizena binden. Die Suppe kurz aufkochen lassen und mit Zitronensaft und etwas Salz abschmecken.

Zu dieser Suppe wird Zwieback serviert.

Kompott aus Trockenfrüchten

Pflaumenkompott

10 Pers./2,5 l – 25 Pers./5 l – 150/30 l

	10 Pers.	25 Pers.	150 Pers.
Backpflaumen	600 g	1,5 kg	10 l
Wasser	1,5 l	3,5 l	20 l
Zimtstangen	2	3	8
Anis, ganz	1 TL	2 TL	3 EL
Vanilleschoten	1/4	1/2	3
Apfelsaft	1/2 l	1 l	5 l
Zitronen, Saft und Schale	1/4	1/2	3
etwas Salz			
eventuell Zimt, gemahlen			
Zucker oder Honig	1,5 dl	3 dl	1 l
Maizena, angerührt	1,5 dl	3 dl	1,5 l
in kaltem Wasser	3 dl	6 dl	3 l

Die Backpflaumen waschen und über Nacht in der Hälfte des Wassers einweichen. Zum Kochen der Backpflaumen das restliche Wasser, Zimtstangen, ganzen Anis und die aufgeschlitzten Vanilleschoten hinzufügen. Solange kochen, bis die Backpflaumen anfangen, weich zu werden und zu zerfallen, dann den Apfelsaft hinzugeben. Das Kompott mit Saft und Schale der Zitronen, etwas Salz und eventuell etwas gemahlenem Zimt samt Zucker abschmecken.
Mit angerührtem Maizena binden.
Dieses Kompott sollte kalt serviert werden. Daher kann es angebracht sein, das Kompott am Tag vorher zuzubereiten oder früh am Morgen. Direkt in Schalen füllen und abkühlen lassen.
Mit Milch servieren. Pflaumenkompott kann auch mit gerösteten, gehackten Mandeln und Schlagsahne serviert werden; dann sollte es portionsweise angerichtet werden.

Gemischtes Fruchtkompott

10 Pers./2,5 l – 25 Pers./5 l – 150 Pers./30 l

	10 Pers.	25 Pers.	150 Pers.
Backpflaumen	150 g	350 g	2 kg
Aprikosen, getrocknet	100 g	250 g	1,5 kg
Feigen, getrocknet; in Stücke geschnitten	100 g	250 g	1,5 kg
Rosinen	100 g	200 g	1,5 kg
Wasser	1,8 l	4 l	25 l
Anis, ganz	1 TL	2 TL	2 EL
Zimtstangen	1	2	8
Apfelsaft	2 dl	1/2 l	2 – 3 l
Zimt, gemahlen	1 TL	2 TL	2 EL
Ingwer, gemahlen	1/4 TL	1/2 TL	1 EL
Maizena, angerührt	1,5 dl	3 dl	1,5 l
in kaltem Wasser	3 dl	6 dl	3 l

Die Trockenfrüchte waschen und über Nacht oder wenigstens ein paar Stunden im Wasser einweichen. Die Früchte im Wasser unter Zusatz von Anis und Zimtstangen kochen lassen, bis die Früchte weich werden und anfangen zu zerfallen. Den Apfelsaft hinzufügen und mit gemahlenem Zimt und Ingwer abschmecken.
Das Kompott mit Maizena binden und nochmals abschmecken. Das Kompott kalt mit Milch servieren.

Aprikosen-Apfelkompott

10 Pers./2,5 l – 25 Pers./5 l – 150 Pers./30 l

	10 Pers.	25 Pers.	150 Pers.
Aprikosen, getrocknet	200 g	500 g	3 kg
Äpfel, ohne Kerngehäuse	500 g	1 kg	10 – 15 l
Wasser	1,5 l	4 l	25 l
Vanilleschoten	1/2	1	4
Ingwer, gemahlen	1/2 TL	1 TL	1 EL
Zitronen, Saft und Schale	1/2	1	3 – 4
Maizena, angerührt	1,5 dl	3 dl	1,5 l
in kaltem Wasser	3 dl	6 dl	3 l

Dieses Kompott wird auf die gleiche Art zubereitet wie das Pflaumenkompott. Die frischen, in Stücke geschnittenen Äpfel werden aber erst hinzugegeben, wenn die Aprikosen fast fertig gekocht sind. Die Äpfel läßt man dann 10 Minuten mitkochen und schmeckt danach mit Vanille, Ingwer und Zitrone (Saft und abgeriebene Schale) ab. Wenn nötig, das Kompott mit etwas Zucker abschmecken. Das Kompott kalt mit Milch servieren.

Apfelkuchen

Apfelkuchen aus Schonen*

	10 Pers.	25 Pers.	150 Pers.
Äpfel, gewaschen, ohne Kerngehäuse	1,5 kg	3,5 kg	20 kg
Zitronen, Saft	1/2	1	6
Zucker oder Honig	1 dl	2 dl	1 l
Zwiebackmehl	3 dl	7 dl	4 l
Rohrzucker	1 dl	2,5 dl	1,5 l
Zimt, gemahlen	1 EL	2 – 3 EL	2 dl
Butter	100 g	200 g	1,2 kg

Dieser Apfelkuchen kann sowohl in kleinen als auch in großen Formen zubereitet werden. Die Rezepte sind für Formen für 8 bis 10 Personen ausgearbeitet.

Die Äpfel in dünne Scheiben schneiden oder sehr grob raffeln (mit der Küchenmaschine) und sofort in Zitronenwasser (Zitronensaft und etwas Wasser) wenden.

Zucker oder Honig unter die Apfelscheiben mischen. Das Zwiebackmehl mit Rohrzucker und Zimt mischen.

Apfelscheiben und Zwiebackmehl in gefettete, feuerfeste Formen schichten, etwa 3 Lagen von jedem, mit Apfelscheiben beginnen und mit Zwiebackmehl abschließen.

Mit dem Käsehobel lange Streifen von der kalten Butter schneiden und auf den Kuchen legen. Bei 200° etwa 1 Stunde backen. Den Apfelkuchen lauwarm mit Milch servieren.

* Schonen (Skåne) heißt ein Teil Südschwedens.

Dänischer Apfelkuchen

	10 Pers.	25 Pers.	150 Pers.
Äpfel, gewaschen, ohne Kerngehäuse, in Stücke geschnitten	1,5 kg	3,5 kg	30 l
Wasser	1/2 l	1 l	5 – 8 l
Zitronen, Saft	1/2	1	6
Zucker oder Honig	1 dl	2 dl	1 l
einige Zimtstangen			
Vanilleschoten	1/2	1	4
Maizena	1/2 dl	1,5 dl	8 dl
Zwiebackmehl	3 dl	8 dl	5 l
Zucker	1,5 dl	3,5 dl	2 l
Schlagsahne	5 dl	1,2 dl	7 l

Dieser Apfelkuchen sollte nicht in allzu großen Schalen serviert werden, am besten sind Portionsschälchen. Aus Apfelstücken, Wasser, Zitronensaft, Zucker und Gewürzen ein schmackhaftes Apfelkompott kochen und mit Maizena – in Wasser angerührt – binden. Abkühlen lassen. Das Apfelkompott am besten am Tag vorher kochen.

Das Zwiebackmehl zusammen mit dem Zucker rösten – genau so lange rösten, bis der Zucker anfängt zu schmelzen und das Zwiebackmehl etwas mehr Farbe bekommen hat. Das geröstete Zwiebackmehl abkühlen lassen.

In Glasschalen eine Schicht Apfelkompott geben, danach eine etwa 1 bis 1,5 cm dicke Schicht geröstetes Zwiebackmehl und darüber wieder eine Schicht Apfelkompott. Zuoberst kommt eine Schicht Schlagsahne (eventuell spritzen).

Fruchtpies

1 Pie für 8 bis 10 Personen

Ein Pieteig darf nicht mit einem Mürbeteig verwechselt werden. Im Pieteig ist das Gewichtsverhältnis von Mehl und Butter etwa 3:2, und er enthält Wasser, was beim Mürbeteig nicht der Fall ist. Wenn man einen Pieteig zubereitet, sollen alle Zutaten (Mehl, Butter, Wasser) kalt sein, und die Zubereitung des Teiges soll so schnell wie möglich vor sich gehen. Als Pieformen können feuerfeste Glasformen, Springformen oder richtige Pie-formen mit niedrigem Rand genommen werden.

etwa 300 g (1/2 l) Mehl
Prise Salz
200 g Butter
etwas kaltes Wasser

Diese Mengen können vervielfältigt werden, je nachdem, wieviel Pies man backen möchte.
Das Mehl mit dem Salz mischen und auf das Backbrett geben.
Die Butter mit einem Messer im Mehl hacken und dann mit den Fingerspit-zen zerdrücken und im Mehl fein verteilen, aber nicht kneten! Wenn die Butter einigermaßen gleichmäßig im Mehl verteilt ist und die Masse eine «krümelige» Struktur bekommen hat, gibt man nach und nach das Wasser hinzu, aber nur soviel, daß man einen Teig erhält, der sich ausrollen läßt.
Den Teig nun mindestens 1 Stunde im Kühlschrank ruhen lassen.
Der Pieteig wird am besten, wenn man ihn einige Male ausrollt und zu-sammenlegt, bevor man ihn verwendet (wie bei Blätterteig).

Pflaumenpie, Apfelpie und Quarkpie

Apfelpie

	10 Pers.	25 Pers.	150 Pers.
Pieteig:			
Weizenmehl	1/2 l	1,5 l	7 l
Salz			
Butter	180 g	500 g	2,5 kg
Wasser			
Äpfel, ohne Kerngehäuse	1,3 kg	3,5 kg	20 kg
Zitronen, Saft und Schale	1/2	1	6
Zimt, gemahlen	1 TL	1 EL	3 – 4 EL
Rohrzucker	1 – 2 dl	4 – 5 dl	2 – 3 l
Kartoffelstärke	1 TL	2 TL	5 – 6 EL

Den Pieteig nach vorhergehendem Rezept zubereiten. Den Teig zu so vielen Kugeln formen, wie man Pies machen will, dazu einige extra Kugeln für die Deckel. Den Teig mindestens 1 Stunde im Kühlschrank ruhen lassen und später dann etwa 3 mm dick ausrollen und die Pieformen damit auslegen.

Die Äpfel zurecht machen und in Spalten schneiden – oder mit der Küchenmaschine in dünne Scheiben. Die Äpfel sofort mit Zitronensaft, abgeriebener Zitronenschale und Zimt mischen.

Zucker und Kartoffelstärke gut vermischen und einen Teil davon auf die Teigböden streuen, dann mit den Äpfeln füllen und den Rest des Zuckers darüberstreuen.

Aus dem Rest des Teiges Deckel ausrollen, die dünner sein sollen als die Böden. Die Deckel auf die Apfelschicht legen und mit den Kanten fest zusammendrücken. Einige Löcher in den Deckel schneiden oder stechen, so daß die Gase, die sich während des Backens bilden, entweichen können. Die Piedeckel kann man mit verschlagenem Ei oder Joghurt bestreichen.

Die Pies bei 225° etwa 1 1/4 Stunde backen, bis sie eine goldbraune Farbe bekommen haben und fertig aussehen.

Lauwarm mit Schlagsahne oder Vanilleeis servieren.

Rhabarberpie

1 Pie für 8 bis 10 Personen

Pieteig:

300 g Mehl
Prise Salz
180 g Butter
etwas kaltes Wasser
etwa 1 kg Rhabarber
3 dl Rohrzucker
1/2 dl Kartoffelstärke

Einen Pieteig nach dem Grundrezept zubereiten.

Mit 3/4 des Teiges eine Pieform auskleiden und den Rest für den Deckel sparen.

Den Rhabarber waschen und putzen. Meiner Meinung nach ist es nicht notwendig, den Rhabarber zu schälen. Die herrliche rote Farbe sitzt in der Schale. Schneidet man den Rhabarber in kleine Stücke, fallen die «Fäden» nicht auf.

Den Rhabarber in 1 cm lange Stücke schneiden. Zucker und Kartoffelstärke mischen. Eine dünne Schicht davon auf den Teigboden streuen, mit dem Rhabarber füllen, den Rest Zucker über den Rhabarber streuen.

Aus dem restlichen Teig einen Deckel ausrollen, auf den Pie legen und an den Rändern festdrücken. Den Deckel mit einem Messer an einigen Stellen einschneiden und mit verschlagenem Ei oder Joghurt bestreichen.

Bei etwa 225° gut eine Stunde backen.

Zu Rhabarberpie paßt gut Vanillesoße oder Schlagsahne, aber das Allerbeste ist selbstgemachtes Vanilleeis (siehe Rezept S. 216f).

Blaubeerpie

1 Pie für 8 bis 10 Personen

Pieteig:
200 g Mehl
Prise Salz
120 g Butter
etwas kaltes Wasser
1/2 kg Blaubeeren
etwa 3 dl Rohrzucker
etwa 1/2 dl Kartoffelstärke

Ein Blaubeerpie wird in niedrigen Pieformen, also in einer «richtigen» Pieform, gebacken. Einen Pieteig nach dem Grundrezept zubereiten. Den Teig eine Weile kalt ruhen lassen, bevor er ausgerollt wird.

Günstig ist es, den Pieteig einige Male auszurollen und zusammenzulegen, bevor man die leicht gefettete Form damit auslegt. 1/5 des Teiges für Streifen sparen, die man zum Schluß auf den Pie legt.

Zucker und Kartoffelstärke mischen und einen Teil davon auf den Teigboden streuen. Mit den Blaubeeren füllen; verwendet man tiefgefrorene Blaubeeren, sollen sie nicht auftauen, bevor man sie in die Form legt. Den restlichen Zucker über die Blaubeeren streuen.

Den restlichen Teig ausrollen und in Streifen schneiden, die man als Gittermuster auf den Pie legt.

Bei 225° etwa 1 Stunde backen. Wenn die Streifen Farbe bekommen haben und die Blaubeeren anfangen zu «brodeln», ist der Pie fertig.

Den Blaubeerpie lauwarm mit kalter Schlagsahne servieren.

Nachtische mit Quark und Joghurt

Quarkpie

1 Pie für 8 bis 10 Personen

Pieteig:

300 g Mehl
Prise Salz
180 g Butter
etwas Wasser

Füllung:

500 g Quark
2 – 3 dl Zucker
1 TL   Vanillezucker (oder etwa 1/2 Vanilleschote)
Schale 1/2 Zitrone oder Apfelsine
1 TL Salz
2 – 3 Eier
2 EL Weizengrieß

Einen Pieteig nach dem Grundrezept zubereiten und kalt ruhen lassen.
Eine Springform leicht ausfetten. Den Teig etwa 2 mm dick ausrollen und
die Form damit auslegen.

Den Quark mit dem Schneebesen (oder der Küchenmaschine) gut schlagen. Wenn er zu trocken ist, etwas Schwedenmilch oder Milch hinzufügen. Den Zucker zum Quark geben und eine Weile weiterschlagen.

Mit Vanillezucker, abgeriebener Zitronen- oder Apfelsinenschale und Salz
abschmecken; wenn man keine frische Zitronenschale hat, kann man
auch gemahlene Pomeranze verwenden.

Die Eier leicht schaumig schlagen und zusammen mit dem Weizengrieß
unter den Quark ziehen. Die Quarkmasse in die ausgelegten Formen
füllen und sofort in den heißen Ofen stellen. Bei 200° etwa 1 Stunde
backen.

Den Quarkpie warm mit eingemachten Preiselbeeren oder einer anderen
Sorte erfrischender, eingemachter Früchte servieren.

Fruchtquark

	10 Pers.	25 Pers.	150 Pers.
Quark	600 g	1,5 kg	9 – 10 kg
Rohrzucker	75 g	200 g	1,5 l
Honig	1 dl	2 dl	1 l
Vanilleschoten	1	2	8
etwas Pomeranze, gemahlen			
etwas Salz			
Zitronen, Saft und Schale	1/2	1	5
Apfelstücke	400 g	1 kg	8 kg
andere Früchte (Apfelsinen,			
Ananas oder Trauben)	400 g	1 kg	6 kg
Schlagsahne	2 dl	4 dl	2 l

Den Quark solange mit dem Schneebesen (in der Küchenmaschine) schlagen, bis er glatt und luftig ist. Dann mit Zucker, Honig, Vanillemark, eventuell etwas gemahlener Pomeranze und etwas Salz abschmecken. Den Quark noch eine Weile weiterschlagen.

Dann mit Zitronenschale, eventuell mehr Zucker und Gewürzen sorgfältig abschmecken.

Die Äpfel vom Kerngehäuse befreien, in Stücke schneiden und in Zitronensaft wenden. Den Zitronensaft nicht direkt in den Quark geben, sondern zu den Äpfeln.

Die Äpfel zusammen mit den anderen Früchten dem Quark hinzufügen.

Soll der Fruchtquark besonders gut und festlich werden, hebt man zum Schluß etwas geschlagene Sahne unter. Kühl servieren.

Eine andere Variation ist folgende: Man schlägt den Quark mit dem Schneebesen, schmeckt ihn wie oben angegeben ab und hebt zum Schluß etwas geschlagene Sahne unter. Anstatt die Früchte mit dem Quark zu mischen, serviert man sie extra, zum Beispiel frische Blaubeeren, Johannisbeeren oder Erdbeeren.

Joghurt

Es gibt verschiedenste gesäuerte Milchprodukte. Jedes Land bzw. jede Gegend hat oder hatte ihre eigene Milchkultur. Eine typisch schwedische ist die «filmjölk» (Schwedenmilch), und sie wird von schwedischen Mägen gut vertragen.

Eine moderne, importierte Kultur ist der Joghurt. Eigentlich gehört diese Kultur zur Schafsmilch, wurde aber hier im Westen, wo sie große Verbreitung gefunden hat, auf Kuhmilch übertragen.

Man streitet darüber, ob er «gut» oder «schlecht» für abendländische Mägen ist. Eine Tatsache ist, daß viele Menschen ihn gerne mögen, andere ihn aber zu sauer finden.

Joghurt stellt man auf folgende Weise her:

Die Milch auf 80° erhitzen (Sterilisierung) und dann schnell bis auf 40° abkühlen (wenn die Temperatur 41° übersteigt, gibt es keinen guten Joghurt; er wird dann körnig).

Pro Liter Milch 1 EL Joghurt zusetzen, also 1/2 bis 1 l für 30 l Milch. Mit dem Schneebesen verschlagen. Es hat sich gezeigt, daß der Joghurt besser wird, wenn die Milch, zum Beispiel während des Abkühlens, geschlagen wird.

Die Milch nun mindestens 4 Stunden bei einer Temperatur von 35 bis 40 ° halten oder bis sie dick geworden ist. Hat man einen großen Topf mit Milch, setzt man ihn am besten in ein Wasserbad (ein großes Abwaschbecken mit 40° warmem Wasser füllen und den Topf hineinstellen). Einen kleineren Topf kann man in eine Wolldecke wickeln und an eine warme Stelle setzen, zum Beispiel auf die Heizung.

Wenn der Joghurt fertig ist, wird er mit dem Schneebesen durchgeschlagen und gerührt, bis er eine gleichmäßige Konsistenz hat. Dann im Kühlschrank verwahren.

Joghurt läßt sich gut als Nachtisch zusammen mit konservierten oder eingemachten Früchten oder tiefgefrorenen Beeren servieren, die aufgetaut und mit Zucker gerührt wurden, so daß eine Art Fruchtmus entsteht. Zu beachten ist, daß die Früchte, die man zum Joghurt gibt, recht süß sein sollten, da der Joghurt selbst ziemlich sauer ist.

Soll der Joghurt noch delikater schmecken, hebt man etwas geschlagene Sahne unter. Zum Joghurt kann man auch ein selbst zusammengestelltes Müsli servieren.

Müsli

	10 Pers.	25 Pers.	150 Pers.
Haferflocken	7 dl	1,5 l	8 l
Nüsse, gehackt	100 g	200 g	2 l
Honig (eventuell Rohrzucker)	100 g	200 g	1 kg
Datteln, kleingeschnitten	100 g	200 g	1 l
Rosinen, gewaschen und getrocknet	100 g	200 g	1 l
Getrocknete Ebereschenbeeren, feingehackt (können weggelassen werden)	1 TL	1 EL	1 dl

Die Haferflocken zusammen mit den Nüssen trocken in der Pfanne rösten. Wenn sie anfangen zu duften, aber noch nicht braun sind, schaltet man die Wärme ab.

Während die Pfanne noch warm, aber nicht mehr heiß ist, schiebt man die Haferflocken an den Rand der Pfanne und schmilzt in der freigewordenen Mitte nach und nach den Honig. Sobald er schmilzt, wird er unter die Haferflocken gemengt. So verfährt man, bis aller Honig geschmolzen und gleichmäßig unter die Haferflocken verteilt ist.

Datteln, Rosinen und Ebereschenbeeren hinzufügen.

Das Müsli abkühlen lassen und zum oben beschriebenen Joghurt als Nachtisch servieren.

Dieses Müsli kann auch als Morgen- oder Abendmüsli verwendet werden.

Nachtische aus Getreide und Grieß

Milchreis
10 Pers./2 l – 25 Pers./5 l – 150 Pers./28 l

Wieviel Milchreis man braucht, hängt davon ab, ob man ihn allein als Gericht, als Abendessen oder als Nachtisch serviert oder ob man ihn weiterverarbeiten will, zum Beispiel zu Reis à l'Amanda

	10 Pers.	25 Pers.	150 Pers.
Reis	3 dl	8 dl	4 l
Wasser	5 dl	1,3 dl	7,5 l
Zimtstangen	2	4	10
Milch	1,5 l	4 l	20 l
Salz	1 TL	3 TL	3 EL
Zucker	1 TL	3 TL	3 EL

Den Reis waschen und zusammen mit den Zimtstangen im Wasser aufkochen. Solange kochen lassen, bis fast alles Wasser aufgesogen worden ist. Die Hälfte der Milch hinzufügen und unter ständigem Rühren kurz kochen lassen (darf nicht anbrennen).
Wenn der Reis 5 bis 10 Minuten gekocht hat, die restliche Milch hinzugießen und nochmals aufkochen lassen.
Nun soll der Reis 1 bis 1 1/2 Stunden stehen und sehr sachte köcheln oder quellen. Bei großen Mengen geht das am einfachsten im Wasserbad. Man füllt einen 100 l Topf gut halb voll mit kochendem Wasser und hängt den 30 l Topf mit dem Milchreis hinein. Ab und zu umrühren.
Wenn der Reisbrei anfängt, dick zu werden, gibt man Salz und etwas Zucker hinzu. Man kann auch noch etwas mehr Milch hinzugeben, so daß man die richtige Menge erhält.

Hirsebrei
10 Pers./2 l – 25 Pers./5 l – 150 Pers./28 l

	10 Pers.	25 Pers.	150 Pers.
Wasser	8 dl	2 l	13 l
Hirse	4 dl	9 dl	5 l
Milch	1 l	2,5 l	13 l
Salz	1–2 TL	1 EL	4 EL
Anis, gemahlen	1/2 TL	1 TL	3 EL
Zitronen, abgeriebene Schale	1/2	1	4
Butter	50 g	100 g	400 g

Das Wasser in einem geeigneten Topf aufkochen. Währenddessen die Hirse zuerst in heißem und dann in kaltem Wasser waschen und abtropfen lassen. Die Hirse ins kochende Wasser geben und etwa 10 Minuten kochen lassen, dann während des Kochens unter ständigem Umrühren nach und nach die Milch hinzugeben.

Wenn man alle Milch hinzugegeben hat und der Brei anfängt, dick zu werden, nimmt man den Topf vom Herd und läßt die Hirse 30 bis 60 Minuten quellen.

Die Hirse dann mit Salz, Anis und abgeriebener Zitronenschale abschmecken und die Butter unterziehen.

Vor dem Servieren umrühren. Wenn der Hirsebrei zu dick ist, etwas mehr Milch hinzufügen.

Grießbrei
10 Pers./2 l – 25 Pers./5 l – 150 Pers./28 l

	10 Pers.	25 Pers.	150 Pers.
Wasser	2 dl	3,5 dl	2 l
Milch	1,8 l	4 l	25 l
Zimtstangen	2	3	10
Weizengrieß	3 dl	7 dl	4 l
Salz			
etwas Zucker			
Zitronen, abgeriebene Schale	1/2	1	4
Butter	50 g	100 g	400 g

In einem geeigneten Topf das Wasser erhitzen, dann die Milch und die Zimtstangen hinzugeben und zusammen aufkochen. Wenn die Milch fast kocht, den Weizengrieß mit dem Schneebesen einrühren. Unter ständigem Rühren den Grießbrei 5 Minuten kochen. Die Wärme abschalten (eventuell den Topf vom Herd nehmen) und den Brei mit Salz, Zucker, abgeriebener Zitronenschale und Butter abschmecken.

Den Grießbrei mindestens 15 Minuten quellen lassen und vor dem Servieren umrühren.

Süßer Reisauflauf

	10 Pers.	25 Pers.	150 Pers.
Milchreis	1,5 l	3,5 l	20 l
Eier	3	7	40
Bittermandeln, fein gerieben	1 – 2 St	3 St	15 St
Mandeln, gehackt	100 g	250 g	1,5 kg
Zucker	1 – 2 dl	4 dl	1,5 kg

etwas Weizengrieß, falls der Milchreis
nicht fest genug ist

Diesen Reisauflauf bereitet man aus Milchreis (Rezept siehe S. 205).
Alle Zutaten mit dem Milchreis vermengen. Die Masse in gut gefettete, feuerfeste Glasformen verteilen und bei 225° goldbraun backen. Das dauert gut 1 Stunde.

Zum Reisauflauf kann man eine Saftsoße oder eingemachte Früchte servieren, die auch gut zu den vorhergehenden Gerichten (Milchreis, Hirsebrei und Grießbrei) passen.

Grießauflauf

Aus einem Rest Grießbrei kann man nach dem Rezept vom süßen Reisauflauf einen Grießauflauf zubereiten; man verwendet einfach anstelle von Milchreis Grießbrei.

Grießpudding

	10 Pers.	25 Pers.	150 Pers.
Wasser	6,5 dl	1,7 l	10 l
Datteln, gehackt	100 g	250 g	1 kg
Zitronen, Saft und Schale	1	2	8
Milch	6,5 dl	1,7 l	10 l
Weizengrieß	200 g	500 g	3 kg
etwas Salz			
Vanilleschoten	1/2	1	3
Orangeat *	50 g	100 g	500 g
Eier	2	5	25
Zucker	3/4 dl	2 dl	1 l

* oder in Honig eingelegte, abgeriebene Apfelsinenschale

Das Wasser zusammen mit Datteln und Zitronenschale (mit einem Kartoffelschäler die äußerste gelbe Schale der Zitronen in langen Streifen abschälen) aufkochen. Wenn das Wasser kocht, die Zitronenschale herausfischen und dann die Milch und den Weizengrieß mit dem Schneebesen einrühren. Unter ständigem Rühren aufkochen und 5 Minuten kochen lassen. Die Wärme abschalten, eventuell den Topf vom Herd nehmen. Mit Salz, Zitronensaft, Vanillemark und Orangeat abschmecken.
Die Eier trennen. Die Eigelb mit dem Zucker schaumig schlagen und unter den etwas abgekühlten Grießbrei ziehen.
Es ist schwierig, die Eigelb unter den warmen Grießbrei zu ziehen, ohne daß sie ausflocken. Man kann es so anfangen, daß man nach und nach etwas Grießbrei unter die Eimasse schlägt. Sobald die Eier sich an die Wärme «gewöhnt» haben, kann man sie schnell unter den warmen Brei ziehen. Die Eiweiß sehr steif schlagen und zum Schluß unter den Grießbrei heben.
In Glasschalen füllen und kalt werden lassen. Mit Apfelmus servieren.

Süßer Hirseauflauf

etwa 10 Pers./1 Form

	10 Pers.	25 Pers.	150 Pers.
Hirsebrei	1,5 l	3,5 l	20 l
Eier	3	7	40
Zucker	1 – 2 dl	4 dl	1,5 kg
Datteln, gehackt	100 g	250 g	1,5 kg
Zitronen, Saft und Schale	1	2	8 – 10
eventuell Weizengrieß	1 EL	2 EL	1 – 2 dl

Alle Zutaten mit dem Hirsebrei gut vermengen und die Masse in gefetteten, feuerfesten Formen verteilen.
Bei 200° etwa 1 1/2 Stunden backen.
Warm mit Saftsoße oder Apfelmus servieren.

Saftsoße

	10 Pers.	25 Pers.	150 Pers.
verdünnter schwarzer oder roter Johannisbeersaft	1 l	2,5 l	15 l
Zimtstangen	2	3	10
Nelken, ganz	5 St	10 St	25 St
Vanilleschoten	1/2	1	4
Maizena	1/2 dl	1,5 dl	8 dl
Zitronen, Saft	1/2	1	5

Den recht starken Saft (also nicht allzu sehr verdünnen) mit den Gewürzen aufkochen, 10 Minuten kochen und dann eine Weile ziehen lassen. Abschmecken. Die ganzen Gewürze herausnehmen und den Saft mit in kaltem Wasser angerührtem Maizena binden.
Den Saft nochmals aufkochen und mit etwas Zitronensaft abschmecken.
Warm servieren.

Obstsalate mit Hirse

Hirsesalat mit Apfelsinen

	10 Pers.	25 Pers.	150 Pers.
Hirse, gekocht	8 dl	2 l	10 l
Apfelsaft	1 dl	3 dl	1 – 2 l
Zucker	1–2 dl	3 – 4 dl	1 – 2 l
Apfelsinen, abgeriebene Schale	1/2	1	4
Ingwer, gemahlen	1/4 TL	1/2 TL	2 TL
Pomeranze, gemahlen	1/4 TL	1/2 TL	2 TL
Apfelsinen, geschält und in Stücke geschnitten	6	15	75
Schlagsahne	4 dl	9 dl	5 l

Die gekochte, abgekühlte Hirse in eine große Schüssel geben, den Apfelsaft über die Hirse gießen und diese mit den Fingern vorsichtig lockern, bis keine Klumpen mehr vorhanden sind.

Die Hirse mit Zucker, abgeriebener Apfelsinenschale, Ingwer, Pomeranze und den Apfelsinenstückchen mischen. Beim Schneiden der Apfelsinen aufpassen, daß nicht zuviel Saft ausfließt (scharfes Messer mit dünnem Blatt benutzen).

Die geschlagene Sahne über den Salat geben und behutsam mit den Händen unter den Salat mischen. Der Salat sollte leicht und luftig sein.

Hirsesalat mit Bananen und Trauben

	10 Pers.	25 Pers.	150 Pers.
Hirse, gekocht	8 dl	2 l	10 l
Bananen und Trauben, in Stücke geschnitten	8 dl	2 l	10 l
Vanilleschoten, ausgekratztes Mark	1/2	1	5
Zucker	1 dl	3 dl	1 l
Schlagsahne	4 dl	1 l	5 l

Wenn dieser Salat richtig delikat werden soll, muß man die Trauben halbieren und die Kerne entfernen, was eine zeitraubende Arbeit ist.
Den Salat auf die gleiche Weise wie oben beschrieben zubereiten.

Hirsesalat mit Trockenfrüchten

	10 Pers.	25 Pers.	150 Pers.
Hirse, gekocht	8 dl	2 l	10 l
Apfelsaft	1 dl	3 dl	2 l
Datteln, geschnitten	100 g	200 g	2l
Aprikosen, eingeweicht und in Stücke geschnitten	3 dl	8 dl	4 l
Rosinen, eingeweicht	1 dl	4 dl	2 l
Apfelsinen oder Zitronen, abgeriebene Schale	1/2	1	5
Pomeranze, gemahlen	1/4 TL	1/2 TL	2 – 3 TL
Prise Salz			
Vanilleschoten	1/2	1	3
Schlagsahne	4 dl	1 l	5 l

Den Apfelsaft über die Hirse geben und mit den Fingern lockern, bis keine Klumpen mehr vorhanden sind. Vorsichtig mit den Datteln, Aprikosen und Rosinen mischen. Abgeriebene Apfelsinenschale, Pomeranze und etwas Salz hinzufügen. Das Mark aus den Vanilleschoten kratzen und zur Sahne geben, eventuell zusammen mit etwas Zucker oder Honig. Die Sahne schlagen und behutsam mit den Händen unter den Salat ziehen. Nicht drücken! Der Salat soll luftig und leicht sein.

Fruchtsalate mit Reis

Nach den gleichen Rezepten wie für die Hirse-Fruchtsalate kann man Salate mit gekochtem Reis als Grundlage zubereiten. Die vorhergehenden Rezepte verwenden, und die gekochte Hirse gegen gekochten Reis austauschen.

Preiselbeerreis

	10 Pers.	25 Pers.	150 Pers.
Reis, gekocht	1,2 l	3 l	15 l
ungekocht	2,7 dl	6,5 dl	4 l
Apfelsaft	1 dl	2 dl	1 l
eingemachte Preiselbeeren	6 dl	1,5 l	7 – 8 l
Schlagsahne	4 dl	1 l	5 l
Vanilleschoten	1/2	1	4

eventuell etwas Zucker oder Honig

Den Reis mit Hilfe des Apfelsaftes lockern, bis keine Klumpen mehr vorhanden sind, und mit den eingemachten Preiselbeeren (oder roh gerührten Preiselbeeren) mischen. Die Sahne zusammen mit dem Vanillemark und eventuell mit etwas Zucker oder Honig schlagen. Die geschlagene Sahne vorsichtig unter den Preiselbeerreis ziehen.

Reis à l'Amanda

	10 Pers.	25 Pers.	150 Pers.
Milchreis	1,5 l	4 l	20 – 25 l
Bittermandeln, fein gerieben	2	4	25
Apfelsinen, Schale	1/2	1	3 – 5
Vanilleschoten	1/2	1	4
Rohrzucker	1 – 2 dl	3 – 4 dl	2 l
Mandeln, gehackt	100 g	250 g	1,5 kg
Schlagsahne	1/2 l	1 l	6 l

Aus einem Rest Reis kann man dieses herrliche Dessert machen. In Dänemark ist es in vielen Familien das traditionelle Dessert am Heiligen Abend. Man kann natürlich auch die angegebene Menge Milchreis nach dem Rezept auf S. 205 kochen.

Den Milchreis erkalten lassen, bevor er weiter zu Reis à l'Amanda verarbeitet wird. Zu dem kalten Milchreis feingeriebene oder feingestoßene Bittermandeln, feinabgeriebene Apfelsinenschalen (oder gemahlene Pomeranzen), das Vanillemark und den Zucker geben. Alles gut mischen und die grobgehackten Mandeln hinzufügen.

Abschmecken und sehen, ob mehr Gewürze gebraucht werden (eventuell etwas mehr Bittermandeln – aber vorsichtig sein, ihr Geschmack darf nicht allzu sehr vorherrschen).

Die Sahne mit etwas Zucker steif schlagen und sehr vorsichtig mit den Händen oder einem Holzlöffel unter den Reis ziehen.

Der Reis a l'Amanda ist fertig. Er wird kalt in schönen Glasschalen serviert, siehe Farbfoto S. 215.

Dazu wird eine warme Fruchtsoße serviert. Am besten ist Kirschsoße (aus selbst eingemachten Kirschen). Aber auch warme Himbeer- oder Erdbeersoße schmeckt gut dazu.

Eis

Hausgemachtes Eis ist viel besser als das Eis, das man kauft. Und auch der Preis ist günstiger, selbst dann, wenn es sich um eine «Luxusvariante», die nur aus Eiern und Sahne besteht, handelt. Das Eis muß aber auf die rechte Art hergestellt werden.

Grundrezept für Eis
10 – 15 Pers./4 l – 150 Pers./40 l

	10 Pers.	150 Pers.
Eier	8	80
Rohrzucker	4 dl	4 l
Schlagsahne	1 l	8 l

Eigelb und Eiweiß trennen. Die Eigelb mit dem Zucker weiß und schaumig schlagen – je länger man schlägt, desto besser.
Die Sahne recht steif schlagen und unter die Eigelbmasse ziehen.
Schließlich das Eiweiß «steinhart» schlagen und diesen festen Schaum vorsichtig mit der Eigelb-Sahnemasse mischen. Das geht am besten mit behutsamen Händen.
Die Masse schnell in Plastikeimer oder Formen gießen und sofort in den Gefrierschrank stellen. Es ist vorteilhaft – falls es möglich ist –, die Formen nach 2 bis 3 Stunden Gefrierzeit zu wenden.

Reis à l'Amanda mit Kirschsoße, Rezept siehe S. 213

Vanilleeis

Wenn man richtiges Vanilleeis machen will, sollte man auch echte Vanille verwenden. Für das Grundrezept mit 80 Eiern braucht man 12 bis 15 Vanilleschoten (das entspricht etwa 20 TL echtem Vanillezucker).

	10 Pers.	25 Pers.	150 Pers.
Eier	6	15	80
Rohrzucker	3 dl	7 dl	4 l
Vanilleschoten	1	2 – 3	12 – 15
Pomeranze, gemahlene	1/4 TL	1/2 TL	3 TL
Schlagsahne	6 dl	1,5 l	8 l

Prise Salz

Das Eigelb zusammen mit dem Zucker und dem ausgekratzten Vanillemark mit dem Schneebesen verschlagen. Solange schlagen, bis die Masse leicht und schaumig ist. Die gemahlene Pomeranze unterschlagen. Die Sahne schlagen und unter die Eigelbmasse ziehen.

Dann das Eiweiß unter Zusatz einer Prise Salz schlagen. Das Salz trägt dazu bei, daß das Eiweiß steifer wird. Das Eiweiß «steinhart» schlagen und unter die Eigelbmasse ziehen, dabei sehr vorsichtig sein, so daß das «Luftige» des geschlagenen Eiweiß' nicht verloren geht. Das geht am besten, wenn man ganz einfach seine beiden Hände benutzt.

Die Masse schnell in Formen (Eimer, Schalen oder ähnliches) gießen und sofort in den Gefrierschrank stellen.

Himbeereis

	10 Pers.	25 Pers.	150 Pers.
Himbeeren, eventuell tiefgekühlt	300 g	700 g	4 kg
Rohrzucker	1,5 dl	3 dl	2 l
Zitronen, Saft	1/2	1	5
Eier	6	15	80
Rohrzucker	2 dl	5 dl	3 l
Vanilleschoten	1	2	6
Schlagsahne	6 dl	1,5 l	8 l

Zuerst die Himbeeren zurechtmachen, indem man sie mit 1,5 dl/3 dl/2 l Zucker und Zitronensaft zu einem Mus rührt.

Eigelb und Eiweiß trennen. Eigelb, Zucker und Vanillemark mit dem Schneebesen weiß und schaumig schlagen (je länger, desto besser).

Die Sahne schlagen und vorsichtig unter die Eigelbmasse ziehen.

Die Eiweiß sehr steif schlagen und ebenfalls unter die Eigelbmasse ziehen. Danach das Himbeermus unterziehen. Nicht ganz vermischen, sondern vorsichtig durch die Masse ziehen. Das Eis sofort einfrieren. Das Eis später mit kleinen Keksen servieren.

Register

Gemüse - Kräuter - Obst

von Hanna Dengler und Anna Rohlfs-von Wittich.
Mit einer Einleitung von Udo Renzenbrink.
3. Auflage, 308 Seiten, mit zehn farbigen Abbildungen und
zahlreichen Zeichnungen, gebunden.

Vielseitig und naturgemäß kochen in tausend Rezepten. Ein «alternatives» Kochbuch ohne modische Schnörkel, solide und kompetent.

Rund um den Apfel

Rezepte und Ratschläge von Annelies Schöneck.
Aus dem Schwedischen von Ute Stegmann.
112 Seiten mit zahlreichen Abbildungen, kartoniert.

Die Apfelküche ist sicher eine der überzeugendsten und billigsten Beiträge zur Gesundheitsvorsorge. Annelies Schöneck lehrt in diesem Buch die Kunst, Äpfel zu verwerten. Die Lagerung der Äpfel, der Apfelbaum und seine Pflege, Konservierung von Apfelmus, Trocknen, Bereitung von Most, Kwas, Apfelhonig und Apfelessig werden besprochen. Die über 100 Rezepte reichen vom Apfelmüsli und Äpfel im Salat, Suppen und Soßen bis zum Apfelpfannkuchen und Apfelnachspeisen.

Naturgrundlagen der Ernährung

9 Vorträge von Rudolf Steiner
Ausgewählt und herausgegeben von Kurt Th. Willmann.
171 Seiten, kartoniert

Voraussetzung für die Ernährung des Menschen sind die Substanzen, die der Mensch dem Lebensbereich der Erde entnimmt und zubereitet. Ihre Bildung und Kultivierung in der Natur, ihre Wirkung im Menschen muß eine Ernährungslehre darstellen, die undogmatisch Gesichtspunkte für eine zugleich menschengemäße und individuelle Ernährung entwickeln will.

Ernährung und Bewußtsein

8 Vorträge von Rudolf Steiner
Ausgewählt und herausgegeben von Kurt Th. Willmann.
190 Seiten, kartoniert

Daß Ernähren nicht ein Essen und Assimilieren ist, sondern die leibliche Organisation für das geistig-seelische Wesen des Menschen zu fördern hat, kann auf Grundlage des anthroposophischen Menschenbildes eingesehen werden. Zum Verständnis des Ernährungsvorgangs gehört die Erkenntnis seiner Bedeutung für das geistige Leben, für die geistige Entwicklung des Menschen.

VERLAG FREIES GEISTESLEBEN

Aus Barbara Hübners feiner Würzküche

Auch die fleischlose Küche kann, mit Getreide als Grundnahrungsmittel, das Niveau der hohen Kochkunst für Feinschmecker erreichen. Dazu führt: beste biologische Qualität der Nahrungspflanzen sowie Milch und ihrer Produkte; schonendste Zubereitung; harmonischer Zusammenklang der Zutaten wie der einzelnen Gerichte einer Mahlzeit; als tragendes Fundament aber die Kunst des Würzens, die naturgegebene Geschmacksnuancen hervorlockt, steigert, wandelt, bereichert. Vorzugsweise mit einheimischen Gewürzen und Kräutern, auch Wildkräutern, wird vielseitiger und intensiver gewürzt als üblich; in großer Fülle entstehen herzhafte und pikante, aber auch unerwartet reizvolle süße Gerichte – ohne Industriezucker.

Erkenntnisse Rudolf Steiners über den Menschen und seinen Zusammenhang mit dem Pflanzenwesen und den Elementen der Natur, insbesondere mit der Wärme, führen zur Erneuerung der Küchenpraxis in der Handhabung von Wärme, Luft und Wasser. So kann der gesamte Umgang mit der Nahrung, schon von der Erzeugung her, einem diätetischen Impuls dienen, der entscheidend beiträgt zu dem ungewöhnlichen Wohlgeschmack und der hohen Bekömmlichkeit der Speisen und der vorgeschlagenen Kombinationen.

Band I
Gerichte mit Getreide
Suppen, Eintöpfe, Nachspeisen, Frühstücks- und Abendgerichte.
2. Auflage, 270 Seiten mit zahlreichen Zeichnungen
von Christoph Fischer, gebunden.

Band II
Hauptgerichte mit Getreide, Gemüse, Obst
304 Seiten mit über 150 Zeichnungen von Lore Klett, gebunden.

Aus dem Inhalt: Darstellungen der Grundgedanken mit Angaben weiterführender Literatur und mit praktischen Hinweisen . Charakteristik der Getreidearten und ihrer Produkte sowie der Würzpflanzen und ihrer Handhabung sowie wichtiger Haushaltsgeräte . Übersichtlich in Tabellen: Grundrezepte für alle Getreidearten und für Getreidegerichte; Würzvorschläge für Getreide-, Gemüse-, Obstspeisen . Einzelrezepte in Fülle, meist mit Abwandlungen und Vorschlägen zu Variationen; Hinweise für die Zusammenstellung von Mahlzeiten . Für Ungeübte: ausführliche Schilderung der Zubereitung und Angabe der Gewürzmenge jeweils so genau wie möglich . Für Mütter: Rezepte für verschiedene Müsli, für Getreide-Milchgerichte, Obstspeisen, Cremes; Vorschläge zu kindgemäßem Anrichten usw.

VERLAG FREIES GEISTESLEBEN